○ 全民阅读·经典小丛书 ○

墨子

[战国] 墨子——著
冯慧娟——编

吉林出版集团股份有限公司

图书在版编目（CIP）数据

墨子 /（战国）墨子著；冯慧娟编 . —长春：吉林出版集团股份有限公司，2016.1（2024.1 重印）
（全民阅读·经典小丛书）
ISBN 978-7-5534-6759-7

Ⅰ . ①墨… Ⅱ . ①墨… ②冯… Ⅲ . ①墨家②《墨子》－通俗读物 Ⅳ . ① B224-49

中国版本图书馆 CIP 数据核字 (2016) 第 031306 号

MOZI

墨子

作　　者：[战国] 墨子　著　冯慧娟　编
出版策划：崔文辉
选题策划：冯子龙
责任编辑：王　媛
排　　版：新华智品
出　　版：吉林出版集团股份有限公司
（长春市福祉大路 5788 号，邮政编码：130118）
发　　行：吉林出版集团译文图书经营有限公司
（http://shop34896900.taobao.com）
电　　话：总编办 0431-81629909　营销部 0431-81629880 / 81629881
印　　刷：北京一鑫印务有限责任公司
开　　本：640mm × 940mm 1/16
印　　张：10
字　　数：130 千字
版　　次：2016 年 7 月第 1 版
印　　次：2024 年 1 月第 3 次印刷
书　　号：ISBN 978-7-5534-6759-7
定　　价：39.80 元

印装错误请与承印厂联系　电话：18611383393

前言

国学是以先秦的经典及诸子学说为根基，涵盖了两汉经学、魏晋玄学、宋明理学和同时期的汉赋、六朝骈文、唐宋诗词、元曲与明清小说及历代史学等一套特有而完整的文化、学术体系。

丹书漫启，剪烛夜读。古老的文化犹如一杯香茗，穿过时间的阻隔散发出无尽的幽香；那些动人心怀的文字如一阵微风，掠过亘古的光阴拂面而来：诗之旷达放逸，抒怀明志；词之幽怨雅丽，感怀述心；文之微言大义，镂心刻骨……千年华彩，数载风流。前秦时代的百家争鸣，奠定了中国传统文化的基石，那些宗师先贤的睿智和风骨各具风采，“儒”有仁爱之德，“道”有和谐之法，“法”有治世之能，“史”有察今之用……

纵观五千年浩瀚历史，国学是中华文化之魂，是滋养精神生命的甘泉。它以强大的活力和恒久的魅力创造着一个又一个奇迹，演绎了一代又一代文明盛世。

学国学，魅在领悟，工在体味，效在吸纳。读国学经典，能助今人修身怡心，达到“腹有诗书气自华”的境界；品国学经典，能让今人以圣人为师，汲取历经岁月沉淀的人生哲理。

目录

墨子

亲士

【原文】

入国[1]而不存其士，则亡国矣。见贤而不急，则缓[2]其君矣。非贤无急，非士无与虑国。缓贤忘士，而能以其国存者，未曾有也。

昔者文公出走而正天下[3]，桓公[4]去国而霸诸侯，越王勾践遇吴王之丑，而尚摄[5]中国之贤君。三子之能达名成功于天下也，皆于其国抑[6]而大丑也。太上[7]无败，其次败而有以成，此之谓用民。

【注释】

①入国：治理国家。

②缓：怠慢。

③文公：晋文公，名重耳，春秋时晋国的国君。出走：逃亡。

④桓公：齐桓公，名小白，春秋时齐国国君。

⑤摄：通“慑”。

⑥抑：压抑，忍耐。

⑦太上：最好的。

【译文】

治理国家，如果不体恤爱护有才能的人，那么国家就会灭亡。看到贤能的人不立即任用，那么贤能的人就会怠慢他的君主。不能任用贤人作为急迫的事情，不是贤能的士人就不能与之商量国家大事。怠慢贤才，忘记士人，却能够长久地保全自己的国家，这样的事情是从来没有过的。

从前，晋文公重耳逃亡国外，而后匡正天下；齐桓公离开国家，而后称霸于诸侯；越王勾践遭遇吴王的耻辱，而后成为威慑中原诸侯国的贤君。三人之所以能够扬名天下，取得成功，都是因为他们在国家中能够忍受奇耻大辱。所以说，最好是不要失败，其次是失败了以后仍能有所成就，这叫作善于用人。

【原文】

吾闻之曰："非无安居也，我无安心也；非无足[1]财也，我无足心也。"是故君子自难而易彼，众人自易而难彼。君子进不败[2]其志，内[3]究其情，虽杂庸民，终无怨心，彼有自信者也。是故为其所难者，必得其所欲焉；未闻为其所欲，而免其所恶者也。是故偪臣[4]伤君，谄下伤上。君必有弗弗之臣[5]，上必有谄谄之下[6]，分议[7]者延延，而支苟[8]者谄谄，焉可以长生保国。

【注释】

①足：充足，满足。

②败：衰败，丧失。

③内：退。

④偪臣：权重之臣。

⑤弗弗之臣：直言进谏的臣子。

⑥谄谄之下：敢于争辩的臣子。

⑦分议：指不同的意见。

⑧支苟："支"当作"交"，"苟"当作"苛"。

【译文】

我听说："我不是没有安定的住所，而是没有安定的心；不是没有满足的财物，而是自己没有满足的心。"因此，君子总是做困难的事，将容易的事让给别人；大多数人自己承担容易的事，将困难的事推给别人。君子上进的时候，不会挫败他的志向，退缩的时候，就考察他的实际情况；即使夹杂在一些平庸的民众之中，也始终没有怨恨之心，那就是有自信的人。因此，君子去做艰难之事，就一定得到自己想要的东西；从没有听说过做容易的事情，却能避免他所厌恶的结果的。因此，权力大的臣子会伤害国君，谄媚的臣下会伤害君上。国君一定要有直言进谏的臣子，君上必须有敢于争辩的臣下。议论国事的人不停止，意见出现分歧的人辩论不休，才可以长久保存国家。

【原文】

臣下重①其爵位而不言，近臣则喑②，远臣则唫③，怨结于民心；谄谀在侧，善议④障塞，则国危矣。桀、纣不以⑤其无天下之士邪？杀其身而丧天下。故曰：归⑥国宝，不若献贤而进士。

【注释】

①重：重视，看重。

②喑：沉默。

③唫：同"吟"，沉吟的意思。

④善议：正确的建议。

⑤以：因为。

⑥归：通"馈"，赠送。

【译文】

如果臣下看重自己的爵位而不说话，近旁的臣子都沉默不语，远方的臣子也都只能感慨叹息，那么人民的心中就会产生怨恨。谄谀的臣子在国君身边，正确的建议被阻塞，那么国家就危险了。夏桀和商纣不是因为失去天下的贤士而遭到杀身之祸，最后丧失了天下的吗？所以说：赠送国宝，不如举荐贤能、接纳士人。

【原文】

今有五锥，此其铦[①]，铦者必先挫[②]；有五刀，此其错[③]，错者必先靡。是以甘井近竭，招木[④]近伐，灵龟近灼[⑤]，神蛇近暴[⑥]。是故比干[⑦]之殪，其抗[⑧]也；孟贲[⑨]之杀，其勇也；西施之沉，其美也；吴起[⑩]之裂，其事也。故彼人者，寡不死其所长，故曰：太盛难守也。

【注释】

① 铦（xiān）：锋利。

② 挫：折断。

③ 错：磨。

④ 招木：木之美者。

⑤ 灼：烧。

⑥ 暴：同“曝”。

⑦ 比干：因屡次进谏而被剖心而死。

⑧ 抗：刚强，正直。

⑨ 孟贲：战国时卫国的勇士，后被秦武王所杀。

⑩ 吴起：战国时的军事家，被车裂而死。

【译文】

现在有五把锥子，其中有一把锋利，那么锋利的必定先被折断。有五把刀子，有一把是磨得最快的，那么这把刀子必定先被损坏。因此，甘甜的井水容易枯竭，高大的树木容易受到砍伐，灵验的龟容易受到灼烧，神奇的蛇容易受到暴晒。因此比干之所以被杀害，是由于性格刚直；孟贲之所以被杀害，是由于勇猛过人；西施之所以被沉于江，是由于美貌绝伦；吴起被车裂，是因为他的功业。可见，这些人很少不是因为他们的过人之处而死。因此，事物达到顶峰就难以持久。

【原文】

故虽有贤君[①]，不爱无功之臣；虽有慈父，不爱无益之子。是故不胜其任而处其位，非此位之人也；不胜其爵而处其禄[②]，非此禄之主也。良弓难张，然可以及高入深[③]；良马难乘，然可以任重致远；良才难令[④]，然可以致君见尊。是故江河不恶[⑤]小谷之满已也，故能大。圣人者，事无辞也，物无违也，故能为天下器[⑥]。是故江河之水，非一源之水也；千镒[⑦]之裘，非一狐之白也。夫恶有同方取不取同而已者乎？盖非兼王[⑧]之道也。是故天地不昭昭[⑨]，大水不潦潦[⑩]，大火不燎燎[⑪]，王德不尧尧[⑫]者，乃千人之长也。其直如矢，其平如砥，不足以覆[⑬]万物。是故谿陕者速涸[⑭]，逝[⑮]浅者速竭，垅埆者其地不育，王者淳泽，不出宫中，则不能流[⑯]国矣。

【注释】

①贤君：贤明的君主。

② 禄：俸禄。

③ 及高入深：射到高处和远处。

④ 难令：难以驱使。

⑤ 恶：厌恶。

⑥ 天下器：这里指人才。

⑦ 镒（yì）：古代计量单位。

⑧ 兼王：以兼爱而统一天下。

⑨ 昭昭：明亮的样子。

⑩ 潦潦：水势盛大的样子。

⑪ 燎燎：火势盛大的样子。

⑫ 尧尧：德行高尚的样子。

⑬ 覆：覆盖。

⑭ 涸：干涸。

⑮ 逝：川流。

⑯ 流：流传。

【译文】

所以即便是贤明的君主，也不会爱没有功劳的臣子；即便是慈爱的父亲，也不会爱没有作为的儿子。因此，不能胜任他的工作却处在这样的位置，就不是该在这个位置上的人；不能胜任他的爵位却享受俸禄，就不是该获得这些俸禄的人。良好的弓难以张开，然而可以射到高处或远处；良马难以驾驭，然而可以背负重物到达远方；贤能之人难以驱使，却可以使君主受到人们的尊敬。因此，江河不厌恶小河来灌注自己，所以能汇合成巨流。圣人勇于承担天下重任，不敢怠慢贤能之士，所以能成为治理天下的大人物。因此，江河之水并非只有一个源头；贵重的皮衣，并非只用了一只狐狸腋下的毛做成的。哪有和自己意见不同就不任用，而只用与自己意见相同的人的道理呢？这大概不是以兼爱之道而统一天下吧！因此天地不是长久明亮，大水不是长久盛大，大火不是长久燃烧，君主不以自己的德行为高不可攀，才能做千万人的统治者。好像箭一样笔直，平直如磨刀石，便不足以包容万物。因此狭窄的溪流很快干涸，太浅的河流很快枯竭，贫瘠的土地难以长育五谷。君王有淳厚的恩泽，如不走出宫中，他的恩泽就不能传遍整个国家。

【评析】

本篇重点论述了国君知人善任、亲近贤才的重要性，认为亲近贤才是关系到国家生死存亡的大事，并指出国君应当摒弃谄媚之徒，允许臣子提出不同意见，进行广泛争辩。只有广开言路，才能接受善议。同时，本篇还认为作为圣人，必须有广阔的胸怀，善于容物容人，顺应事物发展的客观规律去解决实际问题，以将王者之德从宫中流布民间。

修身

【原文】

君子战虽有陈[1]，而勇为本[2]焉；丧虽有礼，而哀为本焉；士虽有学，而行[3]为本焉。是故置本不安者，无务[4]丰末；近者不亲，无务来远；亲戚不附，无务外交；事无终始，无务多业；举物而暗[5]，无务博闻。

【注释】

① 陈：同“阵”。

② 本：根本。

③ 行：品行，德行。

④ 无务：不去做。

⑤ 暗：不明事理。

【译文】

君子作战虽然布阵，但勇敢是根本；举办丧事虽然有礼节仪式，但哀痛是根本；士人虽然有学问、知识，但德行是根本。因此，根基树立不牢固，不必去追求枝叶茂盛；近邻不亲善，不要去追求远处的朋友；亲戚都不依附，不要去从事外交；一件事都不能有始有终，就不必操持多种行业；一种事物不明白，就不要追求见多识广。

【原文】

是故先王之治天下也，必察迩来远[①]。君子察迩而迩修者也。见不修行，见毁[②]，而反之身者也，此以怨省[③]而行修矣。谮慝之言[④]，无入之耳；批扞[⑤]之声，无出之口；杀伤人之孩，无存之心，虽有诋讦之民，无所依[⑥]矣。

【注释】

①察迩：明察左右。来远：招徕远方。来，同“徕”。

②毁：毁谤。

③省：减少。

④谮慝（zèn tè）之言：诽谤的言语。

⑤批扞（hàn）：诋毁。

⑥依：仿效。

【译文】

因此，先王治理天下，必定明察左右的人，招徕远方的贤人。君子明察左右的人，就能使左右的人也修养自己的品行。君子被不具有修行的人所诋毁，却能反躬自省，这样别人的怨恨减少，自己的德行也得到了修正。诬陷、诋毁的话，不入自己的耳朵；批驳、谩骂的声音，不从自己嘴里说出；伤害别人的刻薄想法，不存在于心中。这样，即使有诋毁、攻击的人，也会无所凭依。

【原文】

故君子力[①]事日强，愿欲[②]日逾，设壮[③]日盛。君子之道也，贫则见[4]廉，富则见义，生则见爱，死则见哀，四行者不可虚假，反之身者也。藏于心者，无以竭爱；动于身者，无以竭[5]恭；出于口者，无以竭驯。畅之四支[6]，接之肌肤，华发隳颠[7]，而犹弗舍者，其唯圣人乎！

【注释】

①力：努力，尽力。

②愿欲：心愿，愿望。

③设壮：疑作“饰壮”。

④见：同“现”。

⑤竭：竭尽。

⑥四支：四肢。支，同“肢”。

⑦华发：头发苍白。隳（huī）颠：秃顶。

【译文】

所以，君子每天更加勤勉地做事，理想日益远大，他的品行也就日益完善。君子的修身之道：贫穷之时要廉洁，富裕之时要道义，对于生者要仁爱，对于死者要哀痛；这四种德行不能掺有虚假，而是要发自内心。隐藏于心中的是无尽的仁爱；表现在行动上的是无比的谦恭；说出来的话永远那样合理。这种德行贯穿于四肢，渗透了肌肤，即使头发花白秃顶，都不会舍弃，大概只有圣人可以做到吧！

【原文】

志不强者智不达[1]，言不信者行不果。据财[2]不能以分人者，不足与友；守道不笃[③]，偏[④]物不博，辩[⑤]是非不察者，不足与游。本不固者末必几[⑥]，雄而不修者其后必惰[⑦]。原[⑧]浊者流不清，行不信者名必耗[⑨]。名不徒生，而誉不自长、功成名遂。名誉不可虚假，反之身者也。务言[⑩]而缓行，虽辩必不听。多力而伐[⑪]功，虽劳必不图。慧者心辩而不繁说，多力而不伐功，此以名誉扬天下。言无务为多而务为智，无务为文[⑫]而务为察。故彼智无察，在身而惰，反其路者也。善[⑬]无主于心者不留，行莫辩于身者不立。名不可简[⑭]而成也，誉不可巧而立也。君子以身戴[⑮]行者也。思利寻焉，忘名忽焉，可以为士于天下者，未尝有也。

【注释】

①智不达：智力不通达。

②据财：拥有财富。

③笃：笃信，专一。

④偏：通“辨”，辨识。

⑤辩：辨别。辩，通“辨”。

⑥几：危。

⑦惰：堕落。

⑧原：同“源”，源流。

⑨耗（hào）：败。

⑩务言：专注言语。

⑪伐：夸耀。

⑫文：文采。

⑬善：善行。

⑭ 简：怠慢。

⑮ 戴：载。

【译文】

意志不坚强的人，才智也不会通达；说话没有信用的人，行动也不会有结果；占有财富不能分给别人的，不足以交朋友；不能信守原则，辨别事物不广博，辨别是非不能明察，不足以与其交游。根不坚固枝叶必定危险，开始不修身的人后来必会堕落。源头混浊的水流不会清澈，做事不守信用的人名声必然败坏。名声不会平白无故产生，荣誉不会自己生长。只有成就了功业，名誉自然相随而至。名誉决不可有丝毫虚假，因为要进行自身反省。专注于言谈而行动迟缓的人，即使善于辩论，别人也不听。出力多却夸耀自己功劳，即使辛劳，别人也不认可。有智慧的人心里明白而不夸夸其谈，出力多而不夸耀功劳，因此他的名声和荣誉才会名扬天下。言语不要讲得太多而在于有道理，不要讲究文采而要明察是非。所以缺乏智慧又不能明察，自己又懒惰，这是反其道而行之。善行不是出自内心就不会保持，德行不从自己做起就不能树立。名声不会通过怠惰而获得，声誉不可能靠取巧而建立，君子要知行合一。谋求利益，忽视声名，做天下的士人从来没有过。

【评析】

本篇阐述了君子立身处世要注意修养，言行合一，才能成为百姓的表率。坚决摒弃依靠投机取巧、弄虚作假而建立功名的行为。指出君子之道，即贫则见廉，富则见义，生则见爱，死则见哀，从内心深处生出善念善行，并运用到自己的实际行动中，即使头发花白秃顶，也不改变对于善行的永恒追求。

所染

【原文】

子墨子言见染丝者而叹曰："染于苍则苍[1]，染于黄则黄。所入者[2]变，其色亦变；五入必而已则为五色矣。故染不可不慎也！"非独染丝然也，国亦有染。舜染于许由、伯阳[3]，禹染于皋陶、伯益[4]，汤染于伊尹、仲虺[5]，武王染于太公、周公[6]。此四王者所染当[7]，故王天下，立为天子，功名蔽天地。举天下之仁义显人[8]，必称此四王者。

【注释】

①苍：青色。

②所入者：染物的染水。

③舜：上古传说中的圣明君王。许由：唐尧时的高士。伯阳：舜的七友之一，贤人。

④禹：夏朝的第一个帝王。皋陶：禹手下的贤臣。伯益：禹的大臣。

⑤汤：商代君主。伊尹：商汤大臣，出身卑微。仲虺（huǐ）：商汤左相。

⑥武王：周文王之子。太公：姜尚，辅佐周武王伐纣有功。周公：名旦，周武王之弟。

⑦当：正当。

⑧显人：声名显赫的人。

【译文】

墨子看到染丝的人就感叹说："丝用青色染就成为青色，用黄色染料染就变成黄色。随着染料的变化，丝的颜色也变化；放入五种染料中去染则呈现五种颜色。所以染色不可不慎重。"不只是染丝有这种情况，治理国家也如同染丝一样。虞舜受到许由、伯阳的熏染，夏禹受到皋陶、伯益的熏染，商汤受到伊尹、仲虺的熏染，周武王受到姜尚、周公旦的熏染。这四位君王所受的熏染得当，所以能称王于天下，被立为天子，功绩和声誉覆盖天地。只要列举天下具备仁爱道义和声名显赫的人，必然说到这四位君王。

【原文】

夏桀染于干辛、推哆[①]，殷纣染于崇侯、恶来[②]，厉王染于厉公长父、荣夷终[③]，幽王[④]染于傅公夷、祭公穀。此四王者，所染不当，故国残身死，为天下僇[⑤]。举天下不义辱人，必称此四王者。

齐桓染于管仲、鲍叔[⑥]，晋文[⑦]染于舅犯、高偃，楚庄[⑧]染于孙叔、沈尹，吴阖闾染于伍员、文义[⑨]，越勾践[⑩]染于范蠡、大夫种。此五君者所染当，故霸诸侯，功名传于后世。

范吉射染于长柳朔、王胜[⑪]，中行寅染于籍秦、高强[⑫]，吴夫差[⑬]染于王孙雒、太宰嚭，知伯摇染于智国、张武[⑭]，中山尚[⑮]染于魏义、偃长，宋康染于唐鞅、佃不礼[⑯]。此六君者所染不当，故国家残亡，身为刑戮，宗庙破灭，绝无后类，君臣离散，民人流亡。举天下之贪暴苛扰[⑰]者，必称此六君也。

【注释】

①夏桀：夏朝时的暴君。干辛、推哆：夏桀的宠臣。

②殷纣：商朝时的暴君。崇侯、恶来：商纣王的谀臣。

③厉王：周厉王，周朝时的暴君。荣夷终：周厉王时卿士。

④幽王：周幽王，周朝的暴君。

⑤僇（lù）：辱。

⑥齐桓：齐桓公，春秋五霸之一。管仲：齐桓公的宰相。鲍叔：齐国的贤臣。

⑦晋文：晋文公，春秋五霸之一。

⑧楚庄：楚庄王，春秋五霸之一。

⑨吴阖闾：吴国国君，曾经大败越国。伍员、文义：春秋时吴国的贤大夫。

⑩越勾践：越国国君。卧薪尝胆，最终消灭了吴国。

⑪范吉射：春秋末年晋卿范献子士鞅之子。长柳朔、王胜：范吉射的家臣。

⑫中行寅：春秋末年晋卿中行穆子之子。籍秦、高强：中行寅的家臣。

⑬吴夫差：吴国国君，被越王勾践所灭亡。

⑭知伯摇：春秋末年为晋六卿势力最强大者，后被韩、赵、魏三家所灭。智国、张武：知伯摇的家臣。

⑮中山尚：春秋时中山国国君，被魏所灭。

⑯宋康：战国时宋国国君，被齐国所灭。唐鞅、佃不礼：宋国臣子。

⑰苛扰：苛刻，骚扰。

【译文】

夏桀受到干辛、推哆的熏染，殷纣王受到崇侯、恶来的熏染，周厉王受到厉公长父、荣夷终的熏染，周幽王受到傅公夷、蔡公穀的熏染。这四位君王受到奸邪的熏染，所以国家残破，他们被天下人所耻笑。列举天下不守道义、行为可耻的人，必然说到这四位君王。

齐桓公受到贤相管仲、鲍叔的熏染，晋文公受到舅犯、高偃的熏染，楚庄王受到大臣孙叔、沈尹的熏染，吴王阖闾受到伍员、文义的熏染，越王勾践受到贤臣范蠡、大夫种的熏染。这五位国君受到熏染得当，所以能够称霸于诸侯，功业和声名传留后世。

范吉射受到长柳朔、王胜的熏染，中行寅受到籍秦、高强的熏染，吴王夫差受到王孙雒、太宰嚭的熏染，智伯摇受到智国、强武的熏染，中山尚受到魏义、偃长的熏染，宋康王受到唐鞅、佃不礼的熏染。这六位国君所受的熏染不正当，所以国家遭到残破灭亡，自身遭受刑戮，祖庙毁灭，后代断绝，君臣离散，人民逃亡。列举天下贪婪残暴并以苛政扰民的人，必然要说到这六位国君。

【原文】

凡君之所以安者，何也？以其行理[①]也，行理性于染当。故善为君者，劳于论人[②]而佚于治官。不能为君者，伤形费神，愁心劳意；然国逾危，身逾辱。此六君者，非不重其国、爱其身也，以不知要[③]故也。不知要者，所染不当也。

【注释】

① 行理：做事合乎情理。

② 论人：择人。

③ 要：要领，根本。

【译文】

大凡国君能使国家安逸，其原因是什么呢？是因为他做事合乎情理。做事合乎情理就是要熏染得当。所以，善于做国君的人，在选择人才时会费尽心思，而在办理公务方面轻松安逸。不善于当国君的人，劳心费神，忧愁操劳，然而国家却更加危急，自己受屈辱也更多。这六位国君，并非不看重他的国家，不爱惜自己身体，而是因为他们不了解其中的要领。不了解治理国家的要领，是由于所受的熏染不正当。

【原文】

非独国有染也，士亦有染。其友皆好仁义，淳谨①畏令，则家日益，身日安，名日荣，处官②得其理矣，则段干木、禽子、傅说之徒是也③。其友皆好矜④奋，创作比周⑤，则家日损，身日危，名日辱，处官失其理矣，则子西、易牙、竖刀之徒是也⑥。《诗》曰："必择所堪，必谨所堪"者，此之谓也。

【注释】

① 谨：谨慎。

② 处官：做官。

③ 段干木：姓段干，名木，魏文侯之师。禽子：墨子的弟子。傅说：传说为殷高宗的贤臣。

④ 矜：骄傲。

⑤ 创作比周：胡作非为而又营私结党。

⑥ 子西：春秋时人。易牙、竖刀：齐桓公的宠臣。

【译文】

不只是国君受到臣子的熏染，士人也会受到别人的熏染。如果他的朋友都崇尚仁义，淳厚谨慎，敬畏法令，那么他的家族就会兴旺，自身也日渐安然，名声日渐荣达，做官合乎道理，如段干木、禽子、傅说就是这种人。如果他的朋友都喜欢妄自尊大，胡作非为，结党营私，那么他的家族就日渐损伤，自身处于危难，名声日渐受到诟辱，做官不合乎正道，如子西、易牙、竖刀就是这种人。《诗》说："必须选择所使用的染料，必须谨慎地对待浸染。"说的就是这个道理。

【评析】

本篇着重强调了择人识人的重要性。无论是国君还是有才能的士人，都会受到周围人的影响，即"所染"。左右之人言行讲究仁义规范，则所染正当；左右之人谄谀奉承，阴险奸诈，则所染不当。历史上大凡贤能的国君，其周围必定有一批贤臣良将；大凡暴君，其周围必定有一批奸邪之徒。

法仪

【原文】

子墨子曰：天下从事者，不可以无法仪[1]，无法仪而其事能成者，无有也。虽至士之为将相者，皆有法。虽至百工[2]从事者，亦皆有法。百工为方以矩，为圆以规，直以绳，正以县[3]。无[4]巧工、不巧工，皆以此五者为法。巧者能中[5]之，不巧者虽不能中，放依[6]以从事，犹逾己。故百工从事，皆有法所度。

【注释】

①法仪：法度。

②百工：各种行业。

③县：通“悬”，用绳子悬一重物以测定是否垂直的工具。

④无：无论。

⑤中：合乎。

⑥放依：仿效。

【译文】

墨子说：天下人做事，不可以没有法度，没有法度而能把事情做成的是没有的。即使很高明的士人做了将相，也都有一定的法度。即使是从事各种行业的人，做事也都有一定的法度。工匠用矩来画方形，用规来画圆形，用绳墨来画直线，用悬垂的方法来测定偏正。无论巧匠还是一般的工匠，都以这五者作为法度。巧匠能做得非常合适，一般的工匠虽然不能做得非常合适，但只要仿照着去做，就能胜过自己。所以，各行各业做工的人，必须有法度可依。

【原文】

今大者治天下，其次治大国，而无法所度，此不若百工辩[1]也。然则奚以为治法而可？当[2]皆法其父母，奚若？天下之为父母者众，而仁者寡。若皆法其父母，此法不仁也。法不仁，不可以为法。当皆法其学[3]，奚若？天下之为学者众，而仁者寡。若皆法其学，此法不仁也。法不仁，不可以为法。当皆法其君，奚若？天下之为君者众，而仁者寡。若皆法其君，此法不仁也。法不仁，不可以为法。故父母、学、君三者，莫可以为治法。

【注释】

① 辩：通“辨”，明辨。

② 当：尝试。

③ 学：自己的师长。

【译文】

现在大到治理天下，其次治理大国，倘若没有法度可依据，这还不如百工能够明辨事理。然而以什么为做事的法度才行呢？倘若都效法父母会怎么样呢？天下做父母的太多了，但是具有仁义的很少，如果都效法父母，那么就是效法不仁义的人。效法不仁义的人，是不可以作为法度的。倘若效法老师会怎么样呢？天下做老师的太多了，但是具备仁德的人少，如果都效法老师，那么就是效法不仁义的人。效法不仁义的人，是不可以作为法度的。倘若都效法国君会怎么样呢？天下做国君的多，但是具有仁义的少，如果都效法国君，就是效法不仁义的人。效法不仁义的人，是不可以作为法度的。所以，父母、老师、国君，不能作为治国的法度。

【原文】

然则奚以为治法而可？故曰：莫若法天。天之行广而无私，其施厚而不德，其明久而不衰，故圣王法之。既以天为法，动作有为，必度[①]于天。天之所欲则为之，天所不欲则止。然而天何欲何恶者也？天必欲人之相爱相利，而不欲人之相恶相贼[②]也。奚以知天之欲人之相爱相利，而不欲人之相恶相贼也？以其兼而爱之、兼而利之也。奚以知天兼而爱之、兼而利之也？以其兼而有之、兼而食[③]之也。

【注释】

①度：取法。

②贼：残害。

③食：同“饲”，供养。

【译文】

然而用什么来作为治国的法度才行呢？所以说，不如效法天。天的德行广大而无私，它广施厚泽而不以德自居，它的光明长久存在而不衰竭，所以圣王效法天。既然把天作为法度，那么一举一动，必须用天来作为衡量准则。天所希望的就去做，天所不希望的就不去做。但是，天喜欢什么，厌恶什么呢？天肯定希望人们互相关爱，而不希望人们互相残害。怎么知道天想让人们互相关爱，而不希望人们互相残害呢？因为天对人都关爱，对所有人都帮助。怎么知道天对人都关爱，对所有人都帮助呢？因为天容纳了所有的人，供养了所有的人。

【原文】

今天下无大小国，皆天之邑[①]也。人无幼长贵贱，皆天之臣也。此以[②]莫不犓羊，豢犬猪，絜为酒醴粢盛[③]，以敬事天。此不为兼而有之、兼而食之邪？天苟兼而有食之，夫奚说以不欲人之相爱相利也？故曰：爱人利人者，天必福[④]之；恶人贼人者，天必祸之。曰：杀不辜者，得不祥焉。夫奚说人为其相杀而天与祸乎？是以知天欲人相爱相利，而不欲人相恶相贼也。

【注释】

①邑：属国。

②此以：因此。

③盛：祭礼的器皿。

④福：福佑，降福。

【译文】

现在天下无论大国还是小国，都是天的国家。人无论年幼年长，富贵贫贱，都是天的臣民。因此，没有人不喂养牛、羊、犬、猪，准备洁净的酒食祭品，恭敬地侍奉上天。这不是说明了天容纳所有的人，供养所有的人吗？天既然容纳和供养所有的人，怎么能说不希望人们相互友爱呢？所以说，关爱别人、帮助别人的人，天必然福佑他，憎恶别人、残害别人的人，天必然降祸于他。杀害无辜的人，必然会带来不祥。谁说有人互相残杀天就不降祸给他呢？因此天是希望人们互相关爱，而不希望人们互相残害。

【原文】

昔之圣王禹汤文武，兼爱天下之百姓，率[①]以尊天事鬼。其利人多，故天福之，使立为天子，天下诸侯，皆宾[②]事之。暴王桀纣幽厉，兼恶天下之百姓，率以诟[③]天侮鬼。其贼人多，故天祸之，使遂[④]失其国家，身死为僇于天下，后世子孙毁之，至今不息。故为不善以得祸者，桀纣幽厉是也。爱人利人以得福者，禹汤文武是也。爱人利人以得福者，有矣！恶人贼人以得祸者，亦有矣！

【注释】

①率：率领。

②宾：敬。

③诟：骂。

④遂：通“坠”，失掉。

【译文】

古代的圣王夏禹、商汤、周文王、周武王，关爱天下的百姓，率领他们尊崇上天、侍奉鬼神。他们带给人们许多利益，所以天赐福给他们，将他们立为天子，天下的诸侯都恭敬地侍奉他们。而暴虐的君王暴王夏桀、商纣、周幽王、周厉王，厌恶天下百姓，率领他们咒骂上天、侮辱鬼神，他们残害了许多百姓，所以上天降祸于他们，让他们失去了国家，遭到杀身之祸还被天下人所辱骂，后代的子孙们咒骂他们，到现在还没停止。所以，做坏事而得到灾祸的，夏桀、商纣、周幽王、周厉王就是例子。关爱别人而得到上天赐福的，夏禹、商汤、周文王、周武王就是例子。关爱别人而得到赐福的人是有的，残害别人而得到灾祸的人，也是有的。

【评析】

本篇阐述了治理天下必须有法可依，以天为法，指出以父母、老师、国君为法都是靠不住的，与仁爱道义背道而驰。文中列举了关爱别人的古代贤君和残害别人的古代暴君，用他们不同的命运结局，论证了天子和国君必须关爱别人，并以此作为治理国家的法度准则。

七患

【原文】

子墨子曰：国有七患[①]。七患者何？城郭沟池不可守而治宫室，一患也；边国[②]至境，四邻莫救，二患也；先尽民力无用之功，赏赐无能之人，民力尽于无用，财宝虚[③]于待客，三患也；仕者持禄，游者爱佼[④]，君修法讨臣，臣慑而不敢拂[⑤]，四患也；君自以为圣智而不问事，自以为安强而无守备，四邻谋之不知戒，五患也；所信者不忠，所忠者不信，六患也；畜种菽粟不足以食之，大臣不足以事之，赏赐不能喜，诛罚不能威[6]，七患也。以七患居国，必无社稷；以七患守城，敌至国倾。七患之所当[7]，国必有殃。

【注释】

①患：祸患。

②边国：敌国。边，疑为“敌”。

③虚：空虚。

④佼：通“交”。

⑤拂：违背。

⑥威：威吓。

⑦当：存在。

【译文】

墨子说，国家有七种祸患。这七种祸患是什么呢？城墙和护城河不足以守卫国家，却整治宫廷居室，这是第一种祸患；敌对的国家攻到了边境，周围的国家不救援，这是第二种祸患；先做没什么用处的事，赏赐那些没有才能的人，民力都耗在无用的事情上，财宝也都用在接待这些无能的人上，这是第三种祸患；为官的人只爱俸禄，游谈的人只爱交友，国君立严苛的法令来统治臣子，臣子害怕而不敢违背，这是第四种祸患；国君自以为神圣聪明而不过问国事，自以为国家安定强盛而不注重防守，邻国有所图谋而国君不知戒备，这是第五种祸患；国君所信任的人不忠心，对国君忠心的人不被信任，这是第六种祸患；

国内储备的五谷不足以供养百姓，大臣不能尽职，国君的赏赐不能使人感到欢喜，责罚不能起到威吓的作用，这是第七种祸患。这七种祸患存在于国家之内，国家必定会灭之。带着这七种隐患来守城，敌军一来国家就会灭亡。七种祸患到哪里，哪里的国家必然会遭殃。

【原文】

凡五谷者，民之所仰①也，君之所以为养也。故民无仰，则君无养；民无食，则不可事。故食不可不务也，地不可不力②也，用不可不节也。五谷尽收，则五味尽御于主，不尽收则不尽御。一谷不收谓之馑③，二谷不收谓之旱，三谷不收谓之凶，四谷不收谓之匮④，五谷不收谓之饥。岁馑，则仕者大夫以下皆损⑤禄五分之一；旱，则损五分之二；凶，则损五分之三；匮，则损五分之四；饥，则尽无禄，禀食⑥而已矣。故凶饥存乎国，人君彻⑦鼎食五分之五，大夫彻县，士不入学，君朝之衣不革制；诸侯之客，四邻之使，雍食⑧而不盛；彻骖騑，涂⑨不芸，马不良粟，婢妾不衣帛，此告不足之至也。

【注释】

①仰：依靠，依赖。

②力：尽力。

③馑：饥荒。

④匮：匮乏。

⑤损：减少。

⑥禀食：指稍有食而无禄。

⑦彻：去掉。

⑧ 雍食：饭菜。

⑨ 涂：道路。

【译文】

五谷是人民所赖以生存的东西，也是国君用来供养的东西。如果人民没有这个依赖，则国君就无法供养；人民没有食物，就不能让他去做事。所以，不可不抓粮食生产，不可不尽力耕作土地，不可不节省用度。五谷丰收，那么国君就能尝尽五味；如果没有全部丰收，就不能全部吃到。一谷不收叫作馑，二谷不收叫作旱，三谷不收叫作凶，四谷不收叫作匮，五谷不收叫作饥。遇到“馑”年，大夫以下的官员都减去五分之一的俸禄；遇到“旱”年，就减去五分之二的俸禄；遇到“凶”年，就减去五分之三的俸禄；遇到“匮”年，就减去五分之四的俸禄；遇到“饥”年，就失去俸禄，只是供给饮食罢了。所以国家发生凶饥之灾，国君就要撤去鼎食，大夫就会停止欣赏音乐，读书人就会不入学读书，国君的朝服即使破旧也不能重做，来自诸侯国的客人、邻国的使者，不以丰盛的饭菜来款待，将车驾两侧的马撤去，道路不特意修整，马匹不以谷物喂养，婢女侍妾不穿丝织衣服，这表明财物不足已到了极点。

【原文】

今有负其子而汲[①]者，队[②]其子于井中，其母必从而道[③]之。今岁凶，民饥，道饿，重其子此疚于队，其可无察邪！故时年岁善，则民仁且良；时年岁凶，则民吝且恶。夫民何常此之有！为者疾，食者众，则岁无丰。故曰：财不足则反之时，食不足则反之用。故先民以时生财，固本[④]而用财，则财足。故虽上世之圣王，岂能使五谷常收而旱水不至哉！然而无冻饿之民者，何也？其力时急而自养俭也。故《夏书》曰：“禹七年水。”《殷书》曰：“汤五年旱。”此其离[5]凶饿甚矣，然而民不冻饿者，何也？其生财密，其用之节也。

【注释】

①汲：从井里打水。

②队：同“坠”。

③道：同“导”。

④固本：稳固根本。

⑤离：通“罹”。

【译文】

现在如果有人背着孩子去井边打水，不小心把孩子掉到井里，他的母亲必然设法把孩子拉上来。今年遇到凶年，人民饥饿，道路上有饿民，这比孩子掉到井里更加严重，怎么能够不明察呢？所以当年收成好，人民就仁爱善良；当年收成不好，人民就吝啬凶恶。人民的性情哪里能长久不变呢？务农的人少，吃饭的人多，那也就不可能有丰收的年头。所以说，财物不充足，就要反省是否重视农时，粮食不充足就要反省如何食用。从前的贤君引导百姓按时令进行生产，创造财物，稳固作为根本的农业生产并节约用度，那么财物就自然充足。即使远古的圣贤的君主，岂能使五谷经常丰收而水旱灾害从不降临？但是那时没有挨冻挨饿的百姓，为什么呢？这是因为努力按农时生产而且每个人都很节俭。所以《夏书》说：“夏禹时七年发生水灾。”《殷书》说：“商汤时五年发生旱灾。”他们遭遇的饥荒情况更加严重，然而百姓没挨冻挨饿，原因是什么呢？那是由于他们生产的财物丰足，而使用时又很节俭。

【原文】

故仓无备粟，不可以待[1]凶饥；库无备兵，虽有义不能征无义；城郭不备全，不可以自守；心无备虑，不可以应卒[2]。是若庆忌无去之心，不能轻出。夫桀无待汤之备，故放[3]；纣无待武之备，故杀。桀纣贵为天子，富有天下，然而皆灭亡于百里之君[4]者，何也？有富贵而不为备也。故备者，国之重也。食者，国之宝也；兵者，国之爪[5]也；城者，所以自守也。此三者，国之具也。

【注释】

①待：对待，应付。

②卒：卒，通“猝”。这里指突发事件。

③放：放逐，流放。

④百里之君：小诸侯国的国君。

⑤爪：爪牙。

【译文】

所以仓库里没有储备谷物，不可以应付饥荒之年；兵库中不准备兵器，即使站在正义的一方也无法征讨无义之人；城郭防守不完善，就无法守卫；心中没有长远的思虑，不可应付突发事件。这如同庆忌没有戒备之心，就不该轻易出走一样。夏桀没有抵御商汤的准备，所以被流放；商纣没有防御周武王的准备，所以被杀害。夏桀和商纣贵为天子，富有天下，然而都被诸侯小国所灭亡，为什么呢？是因为拥有富贵都不进行防备。所以，储备是国家的大事。食物是国家的财宝，兵器是国家的利爪，城池是守护国家的保障，这三者是国家应当具备的。

【原文】

故曰：以其极赏以赐无功，虚其府库，以备车马、衣裘、奇怪[①]；苦其役徒，以治宫室观乐；死又厚为棺椁，多为衣裘。生时治[②]台榭，死又修坟墓。故民苦于外，府库单[③]于内，上不厌其乐，下不堪其苦。故国离[④]寇敌则伤，民见[⑤]凶饥则亡，此皆备不具之罪也。且夫食者，圣人之所宝也。故《周书》曰："国无三年之食者，国非其国也；家无三年之食者，子非其子也。"此之谓国备[⑥]。

【注释】

①奇怪：珍稀的玩物。

②治：整治。

③单：通"殚"，竭尽。

④离：同"罹"，遭遇。

⑤见：遭受。

⑥国备：国家储备。

【译文】

所以说，用最高的奖赏，赐给无功之人，耗空国库来制备车马、衣服、奇珍异宝；使服役的人受苦，来整修宫殿供以观赏娱乐；人死之后要做很厚的棺材，做很多衣服；活着时修建楼台亭榭，死了后又修坟墓，所以，百姓在外面受苦，国库内的财宝被用尽，君上不厌倦寻欢作乐，百姓不堪忍受痛苦。所以国家遭到敌寇侵犯就会败伤，人民遭受饥荒之年就会流亡，这都是不储备的罪过啊。况且食物是圣人所看重的。所以《周书》说："国家不储备三年的粮食，那么国家就不能成为国家；家中不储备三年的粮食，孩子也就不是那家里的孩子了。"这就是所谓的"国备"。

【评析】

本篇指出了国家所面临的七种祸患，即：不修建城池而整治宫室，外交失败邻国坐视不救，耗尽民力虚于待客，臣子畏惧不敢向君主上谏，君主昏庸不理国事，奸邪受宠忠臣遭忌，财物匮乏赏赐不明。说明必须重视粮食生产和财物的储备，这是国家安定富强的根本，否则国家便会面临灭亡的危险。

三辩

【原文】

程繁[①]问于子墨子曰："夫子曰：圣王不为乐。昔诸侯倦于听治[②]，息[③]于钟鼓之乐；士大夫倦于听治，息于竽瑟之乐；农夫春耕、夏耘、秋敛、冬藏，息于聆缶[④]之乐。今夫子曰：圣王不为乐，此譬之犹马驾而不税[⑤]，弓张而不弛，无乃[⑥]非有血气者之所能至邪！”

子墨子曰：“昔者尧舜有第期者，且以为礼，且以为乐。汤放桀于大水，环天下自立以为王，事成功立，无大后患，因先王之乐，又自作乐，命曰《护》，又修《九招》。武王胜殷杀纣，环天下自立以为王，事成功立，无大后患，因先王之乐，又自作乐，命曰《象》。周成王因先王之乐，又自作乐，命曰《驺虞》。周成王之治天下也，不若武王；武王之治天下也，不若成汤；成汤之治天下也，不若尧舜。故其乐逾繁者，其治逾寡。自此观之，乐非所以治天下也。”

【注释】

①程繁：一位兼治儒墨的学者。

②倦：疲倦。治：政务。

③息：歇息。

④聆缶：打击乐器。

⑤税：通“脱”，解脱。

⑥无乃：恐怕。

【译文】

程繁问墨子说：“夫子说：‘你说圣王是不创作音乐的。’从前诸侯从事政务疲倦时，就演奏钟鼓之乐来休息；士大夫处理政事疲倦了，就演奏竽瑟之乐来休息；农民春天耕种，夏天除草，秋天收获，冬天收藏，也要听瓦盆土器这样的音乐来休息。现在夫子说：圣王不创作音乐。’这好比马驾车而不许它卸下休息，把弓拉紧了却一直没放松，恐怕不是血肉之躯的人所能做到的。”

墨子说：“从前尧、舜时有个名叫第期的人，既制定礼，也创作音乐。商汤把夏桀放到大水，经营天下自立为君王，事业成功，功名建立，没有大的后患，继承先王的音乐，又亲自制作乐曲，叫作《护》，又修订《九招》。周武王战胜殷商，杀死纣王，经营天下自己立为君王，事业成功，功名建立，没有大的后患，继承先王的音乐，又亲自制作乐曲，叫作《象》。周成王继承先王的音乐，又亲自制作乐曲，叫作《驺虞》。周成王治理天下，不如周武王；周武王治理天下，不如商汤；商汤治理天下，不如尧舜。所以音乐越繁盛，治理天下越差。从这一点来看，音乐不是用来治理天下的。”

【原文】

程繁曰：“子曰圣王无乐。此亦乐已，若之何其谓圣王无乐也？”

子墨子曰：“圣王之命也，多寡之。食之利也，以知饥而食之者智也，因为无智矣。今圣有乐而少，此亦无也。”

【译文】

程繁说：“夫子说：‘圣王没有音乐。’可是上面所说的也是音乐呀，怎么可以说圣王没有音乐呢？”

墨子说：“圣王的教令是对繁杂的礼乐要有所减少。比如吃饭，有益于人，但以为饿了就进食算是聪明，这就是无知了。如今圣王虽有音乐但是却很少，也就相当于没有音乐了。”

【评析】

本篇通过程繁和墨子的辩论，阐述了圣王对待音乐的态度，即认为音乐是无益于天下的。墨子认为，国君就应把心思用在治理天下上，而不是追求耳目之欲。这说明在当时，音乐不仅存在于宫中和民间，而且比较普及。

尚贤上

【原文】

子墨子言曰：今者[①]王公大人为政于国家者，皆欲国家之富，人民之众，刑政之治[②]。然而不得富而得贫，不得众而得寡，不得治而得乱，则是本[③]失其所欲，得其所恶。是其故何也？子墨子言曰：是在王公大人为政于国家者，不能以尚[④]贤事能为政也。是故国有贤良之士众，则国家之治厚[⑤]；贤良之士寡，则国家之治薄[⑥]。故大人之务，将[⑦]在于众贤而已。

【注释】

①今者：今天，现在。

②治：治理。

③本：根本，完全。

④尚：尊崇，注重。

⑤ 厚：强盛。

⑥ 薄：薄弱，弱小。

⑦ 将：应当。

【译文】

墨子说：现在王公大人治理国家，希望国家富强，人口繁重，刑法与政治都井井有条。但结果是国家没有富裕却贫穷了，人口没有增多却减少了，社会没有得到治理却出现混乱，这就从根本上失去了他们所希望的，得到了所厌恶的。这是什么原因呢？墨子说：这是因为王公大人治理国家，不能尊重贤才、任用能人。因此，国家有许多优秀的士人，那么国家治理的根基就强盛；优秀的士人少，那么国家治理的根基就薄弱。所以王公大人的任务，就是要增加贤能之人。

【原文】

曰：然则众贤①之术将奈何哉？子墨子言曰：譬若欲众其国之善射御②之士者，必将富之、贵之、敬之、誉之，然后国之善射御之士，将可得而众也。况又有贤良之士，厚③乎德行，辩乎言谈，博乎道术者乎！此固④国家之珍而社稷之佐也，亦必且富之、贵之、敬之、誉之，然后国之良士，亦将可得而众也。

【注释】

① 众贤：使贤才增多。

② 射御：射箭驾车。

③ 厚：高尚。

④ 固：本来。

【译文】

有人问：增加贤才的办法是什么呢？墨子说：比如想增加国内善于射箭驾车的人，必须先使他们富贵、敬重他们、赞扬他们，这样，国内的善于射箭驾车的人，将可以增加很多。况且那些贤良的士人，德行高尚，善于言谈，学识广博！这本来是国家的珍宝、社稷的辅佐，也必须使他们富裕、尊贵，给他们敬重、赞誉，然后，国家的优良士人，也将变得众多。

【原文】

是故古者圣王之为政也，言曰："不义不富，不义不贵，不义不亲，不义不近。"是以国之富贵人闻之，皆退而谋[①]曰："始我所恃[②]者，富贵也。今上举义不辟[③]贫贱，然则我不可不为义。"亲者闻之，亦退而谋曰："始我所恃者，亲也。今上举义不辟疏[④]，然则我不可不为义。"近者闻之，亦退而谋曰："始我所恃者，近也。今上举义不辟远，然则我不可不为义。"远者闻之，亦退而谋曰："我始以远为无恃，今上举义不辟远，然则我不可不为义。"逮至远鄙郊外之臣[⑤]、门庭庶子、国中之众、四鄙之萌人[⑥]闻之，皆竞为义。是其故何也？曰：上之所以使下者，一物也；下之所以事上者，一术[⑦]也。譬之富者，有高墙深宫，墙立既[⑧]谨，上为凿一门。有盗人入，阖[⑨]其自入而求之，盗其无自出。是其故何也？则上得要也。

【注释】

①谋：商量。

②恃：仗恃，凭借。

③辟：通“避”，避开。

④疏：疏远，陌生。

⑤逮至：直到，等到。远鄙：偏远之地。

⑥萌人：百姓。

⑦术：方法。

⑧墙立既：墙已经建完。

⑨阖：关闭。

【译文】

所以，古代圣王管理国家政务，说道：“不义的人不能富裕，不义的人不能让他尊贵，不义的人不能亲近，不义的人不能交往。”因此，国内的富贵之人听到后，都退下来商量说：“当初我们依赖的是富贵，今天君主治理国家不避开贫贱之人，因此不可不行仁义。”亲近的人听到后，也退下来商量说：“当初我们依赖的是关系亲密，现在君主治理国家不避开疏远的人，因此不可不行仁义。”远处的人听到后，也退下来商量说：“当初我们因为遥远而无所依仗，现在君主治理国家不避开远地的人，因此不可不行仁义。”直到荒远偏僻的臣子、宫中的侍卫、城中百姓、出境的百姓听到后，都竞相实行仁义之事。这是什么原因呢？答道：君主所凭借着驱使臣下的，只有尚贤一种方法；臣下用来侍奉君主的，也只有仁义一条途径。比如富人，建有高墙深院，墙建完后，仅在墙上开一道门。有强盗进入，就关闭大门，然后抓住他，强盗就没有出路。这是什么原因呢？是由于君主得到了用人的要领。

【原文】

故古者圣王之为政，列德[1]而尚贤。虽在农与工肆[2]之人，有能则举之，高予之爵，重予之禄，任之以事，断予之令。曰：爵位不高，则民弗敬；蓄禄[3]不厚，则民不信；政令不断，则民不畏。举三者授之贤者，非为贤赐也，欲其事之成。故当是时，以德就列，以官服事，以劳殿赏[4]，量功而分禄。故官无常贵而民无终贱。有能则举之，无能则下之。举公义，辟[5]私怨，此若言之谓也。

【注释】

①列德：为德者安排职位。

②工肆：各行各业。

③蓄禄：享有俸禄。

④殿赏：决定赏赐。

⑤辟：避开，消解。

【译文】

所以古代的圣王处理政务，给有仁德者职位，尊崇贤才。即便从事农业和各行各业之人，只要有才能就任用，给予较高的爵位，给予较厚的俸禄，任用他们处理事务，给他们决断的权力。如果爵位不高，那么百姓不尊敬；俸禄不厚，那么百姓不信任；政令不能自行决断，那么百姓不敬畏。将这三者授予贤者，不单是为了赏赐他们，而是希望他们事业成功。所以在那时，以德行安排职位，以官职安排事务，以辛劳确定赏赐的多少，根据功劳大小分配俸禄。所以，官员没有永久富贵，百姓不会终身贫贱。有才能则被推举，无才能则离开职位。推举有公心、行仁义的人，避开个人恩怨，就是说的这些事。

【原文】

故古者尧举舜于服泽之阳①，授之政，天下平。禹举益于阴方之中，授之政，九州成。汤举伊尹于庖厨②之中，授之政，其谋得③。文王举闳夭、泰颠于罝罔④之中，授之政，西土服。故当是时，虽在于厚禄尊位之臣，莫不敬惧而施⑤；虽在农与工肆之人，莫不竞劝⑥而尚德。故士者，所以为辅相承嗣⑦也。故得士则谋不困⑧，体不劳，名立而功成，美章⑨而恶不生，则由得士也。是故子墨子言曰：得意，贤士不可不举；不得意，贤士不可不举。尚⑩欲祖述尧舜禹汤之道，将不可以不尚贤。夫尚贤者，政之本也。

【注释】

①阳：山的南边或水的北边。

②庖厨：厨房。

③谋得：谋略成功。

④罝罔：狩猎工具。

⑤施：施行。

⑥劝：相互劝勉。

⑦承嗣：继承人。

⑧困：穷困，受困。

⑨ 章：同“彰”，彰显。

⑩ 尚：倘若。

【译文】

所以古代尧王在服泽的北边举荐了舜，将国家政务授予他，天下太平。夏禹在阴方举荐了伯益，将国家政务授予他，九州统一。商汤在厨房之中举荐了伊尹，将国家政务授给他，他的治国谋略成功。周文王在捕猎者中间选用了闳夭、泰颠，将国家政务授予他们，西方小国归服了。所以在当时，虽然身处于具有厚禄尊位的臣子，没有不兢兢业业的，并且都不敢松弛懈怠；即使农民和其他行业的人，也没有不竞相规劝而崇尚德行的。因此，士人都是辅佐大臣的接替者。所以拥有贤能的人则谋略不会受困，身体不劳损，声名远扬而功业建立，美善彰显而丑恶杜绝，这是由于得到贤能之士。所以墨子说：得志，贤士不可不选用；不得志，贤士不可不选用。倘若希望继承尧、舜、禹、汤的事业，将不可不尊崇贤能的人。尊崇贤者，是政治的根本。

【评析】

本篇主要阐述了治理国家尊崇贤能、选举贤能、任用贤能的重要性。古代圣王治理国家，采取“不义不富，不义不贵，不义不近”的原则，举贤不避亲，举贤不避远，举贤不避疏，把德行和才能作为任用官员的标准，授予他们职务和处理政务的权力，能者上，无能者下，这种原则对于今天仍有很强的现实意义。

尚贤中

【原文】

子墨子言曰：今王公大人之君[①]人民、主[②]社稷、治国家，欲修保[③]而勿失，故[④]不察尚贤为政之本也？何以知尚贤之为政本也？曰：自[⑤]贵且智者，为政乎愚且贱者，则治；自愚且贱者，为政乎贵且智者，则乱。是以知尚贤之为政本也。

【注释】

①君：统治。

②主：掌管。

③修保：长期保持。

④故：当作“胡”，为什么。

⑤自：由。

【译文】

墨子说：现在王公大人统治百姓，掌握政权，治理国家，想要长久保持而不失去，为什么不知道尊重贤能的人才是为政的根本呢？凭借什么知道尊重贤能的人是为政的根本呢？回答道：由尊贵并且有智谋的人管理愚昧并且卑贱的人则国家可以治理，由愚昧并且卑贱的人管理尊贵并且有智谋的人则国家会出现混乱。因此知道尊崇贤才是为政的根本。

【原文】

故古者圣王甚尊尚贤而任使[①]能，不党[②]父兄，不偏贵富，不嬖[③]颜色。贤者举而上之，富而贵之，以为官长；不肖者抑而废[④]之，贫而贱之，以为徒役。是以民皆劝[⑤]其赏，畏其罚，相率而为贤者，以贤者众而不肖者寡，此谓进贤。然后圣人听其言，迹[⑥]其行，察其所能而慎予官，此谓事能。故可使治国者使治国，可使长官者使长[⑦]官，可使治邑者使治邑。凡所使治国家、官府、邑里，此皆国之贤者也。

【注释】

①任使：任命使用。

②党：偏袒。

③嬖（bì）：宠爱。

④废：废除，罢免。

⑤劝：勉励，相勉。

⑥迹：观察。

⑦长：管理，主持。

【译文】

所以古代的圣王特别尊崇贤才并任命使用能人，不偏袒父兄，不偏爱富贵，不宠爱美色。贤才被推举居于上位，使他富贵，担任官长；不贤的人被压制而被罢免，使他们贫贱，成为服役之徒。因此人民都努力争取被奖赏，害怕刑罚，相互引导成为贤才。所以贤才越来越多，不贤的人越来越少，这叫作选举贤才。然后圣人听他们的言谈，观察他们的行为，考察他们的才能而谨慎地给予官职，这叫作任用能人。所以能够治理国家的治理国家，可以做官长的人做官长，可以治理乡邑的治理乡邑。凡是可以治理国家、官府、乡邑的人，都是国家的贤才。

【原文】

贤者之治国也，蚤朝晏退[①]，听狱[②]治政，是以国家治而刑法正。贤者之长官也，夜寝[③]夙兴，收敛[④]关市、山林、泽梁之利，以实[⑤]官府，是以官府实而财不散。贤者之治邑也，蚤出莫[⑥]入，耕稼、树艺、聚菽粟，是以菽粟多而民足乎食。故国家治则刑法正，官府实则万民富。上有以絜为酒醴粢盛，以祭祀天、鬼，外有以为皮币[⑦]，与四邻诸侯交接，内有以食饥息劳，将养其万民，外有以怀天下之贤人。是故上者天鬼富之，外者诸侯与[⑧]之，内者万民亲之，贤人归之。以此谋事则得，举事则成，入守则固，出诛则强。故唯昔三代圣王尧舜禹汤文武之所以王天下、正诸侯者，此亦其法已。

【注释】

①蚤：通“早”。晏：晚。

②听狱：审理案件。

③夜寝：夜晚睡觉。

④收敛：征收。

⑤实：充实。

⑥莫：通“暮”。

⑦皮币：毛皮和布帛。

⑧与：亲近，友好。

【译文】

贤才治理国家，早起上朝，很晚才退，审理案件，处理政务，因此国家得到治理，刑法公正。贤才担任官长，很晚入睡，很早起床，征收关市、山林、泽梁的赋税，用来充实国库，因此国库充实，财物不流散。贤才治理乡邑，早出晚归，耕作种植，积聚五谷，因此五谷丰富，人民足以食用。所以国家得到治理则刑法公正，国库充实则百姓富裕。对上可以用洁净的酒食器皿来祭祀上天、鬼神，对外可以用毛皮和丝织品与邻国诸侯交往，对内可以使饥者有食，劳者休息，使百姓得到供养，对外能安抚天下所有的贤才。所以，在上有上天鬼神带来富裕，在外有诸侯相亲善，在内有百姓亲近，贤才归附。因此，谋事有得，办事则成，守卫则固，出征则强。所以这是从前三代的圣王尧、舜、禹、汤、文、武所以称王天下、担任诸侯之长的原因，这也是他们的法则。

【原文】

既曰若法[①]，未知所以行之术，则事犹若未成。是以必为置三本[②]。何谓三本？曰：爵位不高，则民不敬也；蓄禄不厚，则民不信也；政令不断，则民不畏也。故古圣王高予之爵，重予之禄，任之以事，断予之令。夫岂为其臣赐哉？欲其事之成也。《诗》曰："告女[③]忧恤，诲女予爵。孰能执热，鲜不用濯？"则此语古者国君诸侯之不可以不执善，承嗣辅佐也。譬之犹执热之有濯也，将休[④]其手焉。古者圣王，唯毋得贤人而使之，般[⑤]爵以贵之，裂地以封之，终身不厌。贤人唯毋得明君而事之，竭四肢之力，以任君之事，终身不倦。若有美善则归之上，是以美善在上，而所怨谤在下；

宁乐[6]在君，忧戚在臣。故古者圣王之为政若此。

【注释】

① 若法：这种法则。

② 三本：三种根本原则。

③ 女：通“汝”，你。

④ 休：休养，保护。

⑤ 般：颁布，赏给。

⑥ 宁乐：安宁高兴。

【译文】

既然有这种法则，不知道执行它的办法，那么事情还不能成功，因此必须定三种根本原则。什么叫三种根本原则？即：爵位不高，则百姓不敬畏；俸禄不丰厚，则百姓不信任；政事不决断，则百姓不害怕。所以古代的圣王给予圣贤较高的爵位，丰厚的俸禄，把事情交给他，给予他决断的权力。这岂是为了赏赐臣下？这是希望他们能够成功罢了。《诗》说：“告诉你们如何抚恤百姓，教会你们如何安排爵位。谁能够手拿热东西，而不放到冷水里去浸洗呢？”这是说古代的国君诸侯不能不善待继承者和辅佐者。比如拿热东西后把手放在冷水里浸洗一下一样，是为了让手得到保养。古代圣王一定要得到贤才并使用他们，颁给爵位使他们尊贵，分割土地用以封赏他们，终身不厌倦。贤才唯有得到明君并且侍奉他们，竭尽浑身之力，处理国君的政事，终身不疲倦。如果有美好的荣誉就归于君上。因此，美好的声誉集中于君上，而怨恨诽谤由臣下承担；安宁高兴君主享用，忧患烦恼臣下担当。古代的圣王是这样为政的。

【原文】

今王公大人亦欲效人，以尚贤使能为政，高予之爵而禄不从也。夫高爵而无禄，民不信也。曰："此非中实[①]爱我也，假藉而用我也。"夫假藉之民将岂能亲其上哉？故先王言曰："贪于政者，不能分人以事；厚于货者，不能分人以禄。"事则不与，禄则不分，请问天下之贤人将何自至乎王公大人之侧哉？若苟贤者不至乎王公大人之侧，则此不肖者在左右也。不肖者在左右，则其所誉不当[②]贤，而所罚不当暴。王公大人尊[③]此，以为政乎国家，则赏亦必不当贤，而罚亦必不当暴。若苟[④]赏不当贤而罚不当暴，则是为贤者不劝，而为暴者不沮[⑤]矣。是以入则不慈孝父母，出则不长弟乡里。居处无节，出入无度，男女无别。使治官府则盗窃，守城则倍畔[⑥]，君有难则不死，出亡则不从。使断狱则不中[⑦]，分财则不均。与谋事不得，举事不成，入守不固，出诛不强。故虽昔者三代暴王桀纣幽厉之所以失措[⑧]其国家，倾覆其社稷者，已[⑨]此故也。何则？皆以明小物而不明大物也。

【注释】

①中实：真心诚意。

②不当：不符合。

③尊：遵照。

④苟：如果。

⑤沮：阻止，扼制。

⑥倍畔：背叛。

⑦不中：不公正。

⑧ 失措：失去。

⑨ 已：以。

【译文】

现在王公大人也想效法前人，以尊重贤才使用能人治理天下，给予他们较高的爵位，但是俸禄不能随着颁发。爵位高而没有俸禄，百姓不信任，说："这不是诚心爱我，只是借此使用我。"借用这种行为，百姓怎能亲近君上？所以先王说："对于政治贪婪的人，不能够把政事分给别人；看重财物的人，不能把俸禄分给别人。"政事不给予，俸禄不分享，请问天下的贤才将如何会侍奉于王公大人身边呢？如果贤才不侍奉于王公大人身边，那么奸佞之徒就会在其左右。奸佞之徒在王公大人左右，那么他所赞赏的不是贤人，所惩罚的不是暴徒。王公大人遵照这种方法治理国家，那么所奖赏的不是贤人，所惩罚的也不是暴徒。如果所奖赏的不是贤才，所惩罚的不是暴徒，那么贤才不能得到劝勉，暴徒不能受到阻止。因此在家不孝敬父母，在外不和乡邻和谐相处的人居处没有节制，出入没有限度，男女之礼不分。使他们管理官府则偷盗，守护城郭则叛乱，国君有难不能拼死，国君逃亡不会跟随。使他们审理案件则不公正，分发财物不平均。与他们谋划事务不得当，兴举大事不成功，守城不坚固，征讨不强大。所以从前三代的暴王夏桀、商纣、周幽王、周厉王之所以失去国家，毁灭了社稷，原因就在这里。为什么呢？都是明晓小事情不明晓大事情。

【原文】

今王公大人有一衣裳不能制也，必藉[1]良工；有一牛羊不能杀也，必藉良宰[2]。故当若之二物者，王公大人未知以尚贤使能为政也。逮至[3]其国家之乱，社稷之危，则不知使能以治之。亲戚则使之，无故富贵、面目佼好[4]则使之。夫无故富贵、面目佼好则使之，岂必智且有慧哉？若使之治国家，则此使不智慧者治国家也。国家之乱，既[5]可得而知已。

【注释】

①藉：凭借。

②良宰：好屠夫。

③逮至：等到。

④佼好：相貌漂亮。

⑤既：已。

【译文】

现在王公大人有一件衣服不能制作，必须凭借好裁缝；有一头牛羊不能宰杀，必须凭借好屠夫。所以对待这两件事，王公大人不是不知道以尊崇贤才使用能人来处理。等到国家发生动乱，社稷出现危险的时候，却不知道使用能人治理。只要是亲戚就使用，不经历事变、没有功劳却得到富贵，容貌长得好看就被任用。不经历事变、没有功劳却得到富贵，容貌长得好看就被任用，这些人岂是有智慧的人？如果让他们治理国家，便是让没有智慧的人治理国家。国家混乱，已经可以预测了。

【原文】

且夫王公大人有所爱其色而使，其心不察其知，而与其爱。是故不能治百人者，使处乎千人之官；不能治千人者，使处乎万人之官，此其故何也？曰：处若官者，爵高而禄厚，故爱其色而使之焉！夫不能治千人者，使处乎万人之官，则此官什倍[1]也。夫治之法将日至者也，日以治之，日不什修[2]，知以治之，知不什益[3]，而予官什倍，则此治一而弃其九矣。虽日夜相接，以治若官，官犹若不治。此其故何也？则王公大人不明乎以尚贤使能为政也。故以尚贤使能为政而治者，夫若言之谓也；以下贤为政而乱者，若吾言之谓也。今王公大人中实[4]将欲治其国家，欲修保而勿失，胡不察尚贤为政之本也？

【注释】

①什倍：十倍。

②什修：延长十倍。

③什益：增加十倍。

④中实：诚心。

【译文】

王公大人是因为宠爱他而任用他，必定不考察他的智慧，就给他宠爱。所以，不能治理百人的人，让他处于治理千人的官职；不能治理千人的人，让他处于治理万人的官职，这是什么原因呢？说：处在那个官职，爵位高俸禄多，是因为宠爱他而任用他。不能治理千人的人，却使他处于治理万人的官职，那么他做这个官就是他能力的十倍。治理方法每天都要实施，每天的时间不会延长十倍；以知识来治理，知识不会增加十倍，却给予十倍的官职，那么这种治理就会办成一件而丢弃九件。虽然日以继夜地治理官府，官府仍没得到治理。这是什么原因呢？是由于王公大人不明白把尊崇贤才使用能人作为政务。所以尊崇贤才使用能人而治理国家，就如同所说的这些；不尊崇贤才治理国家而出现动乱，就如同我所说的这些。现在王公大人诚心希望治理国家，希望国家永久保持而不失去的话，为什么不了解尊重贤才是为政的根本呢？

【原文】

且以尚贤为政之本者，亦岂独子墨子之言哉？此圣王之道，先王之书“距年”之言[①]也。“传”曰：“求圣君哲人，以裨辅而身[②]。”《汤誓》曰：“聿求元圣[③]，与之戮力同心，以治天下。”则此言圣王之不失以尚贤使能为政也。故古者圣王唯能审以尚贤使能为政，无异物杂[④]焉，天下皆得其利。古者舜耕历山，陶河濒[⑤]，渔雷泽。尧得之服泽之阳，举以为天子，与[⑥]接天下之政，治天下之民。伊挚，有莘氏女之私臣，亲为庖人。汤得之，举以为己相，与接天下之政，治天下之民。傅说被褐[⑦]带索，庸筑[⑧]乎傅岩。武丁得之，举以为三公[⑨]，与接天下之政，治天下之民。此何故始贱卒而贵，始贫卒而富？则王公大人明乎以尚贤使能为政，是以民无饥而不得食，寒而不得衣，劳而不得息，乱而不得治者。故古圣王以审以尚贤使能为政，而取法于天。虽天亦不辩贫富、贵贱、远迩、亲疏，贤者举而尚之，不肖者抑而废之。

【注释】

①距年之言：老年人的话。

②裨辅而身：辅佐你的身体。

③元圣：大圣人。

④杂：杂混，夹杂。

⑤河濒：黄河岸边。

⑥与：授予，给予。

⑦被褐：穿着粗布衣。

⑧庸筑：被雇用筑土墙。

⑨三公：宰相。

【译文】

况且以尊崇贤才作为政治的根本，这岂是墨子自己说的？这是圣王之道，是先王书中所说。古传说：“寻求圣贤君子和才识超群的人来辅佐你。”《汤誓》说：“寻求大圣人，与他同心协力，以治理天下。”这是说圣人是不放弃尊敬贤才使用能人为政的。所以古代的圣王唯能谨慎地尊崇贤才使用能人为政，没有别的事情混杂，天下都得到他们的利益。古代舜在历山耕作，在黄河岸边制作陶器，在雷泽打鱼。尧在服泽的北边得到舜，将他举荐为天子，给予他天下的政务，让他治理天下的百姓。伊挚是有莘女的家臣，做过厨师。商汤得到他，将他提拔为自己的宰相，授予他天下的政务，治理天下的百姓。傅说穿着粗布衣服，系着绳子，在傅岩筑墙。商武丁得到他，将他提拔为三公，授予他天下的政务，让他治理天下的百姓。这些人为什么开始卑贱终于尊贵，开始贫穷终于富足？即是因为王公大人明白以尊崇贤才使用能人来治理政务的道理，因此百姓没有饥饿而得不到食物，寒冷而得不到衣服，劳动而得不到休息，动乱而得不到治理的现象。所以古代圣王以谨慎的态度尊崇贤才使用能人来治理政务，取法于天。只有天不分贫富、贵贱、远近、亲疏，只要贤才就被举荐而受到尊重，不贤者被压制而废除不用。

【原文】

然则富贵为贤以得其赏者谁也？曰：若昔者三代圣王尧舜禹汤文武者是也。所以得其赏何也？曰：其为政乎天下也，兼而爱之，从而利之；又率[1]天下之万民，以尚尊天事鬼，爱利万民。是故天鬼赏之，立为天子，以为民父母。万民从而誉[2]之曰“圣王”，至今不已。则此富贵为贤以得其赏者也。

【注释】

①率：率领。

②誉：赞誉。

【译文】

然而富贵又贤明因而得到奖赏的是谁呢？答曰：从前三代圣王尧、舜、禹、汤、文王、武王就是这样。所以得到奖赏的原因是什么呢？答道：他们治理天下，兼相爱民，从而带给他们利益；又率领天下的百姓，尊重上天，侍奉鬼神，爱民利民。所以上天、鬼神奖赏他们，将他们立为天子，让他们做百姓的父母。百姓从而叫他们为“圣王”，至今不止。这就是身处高富贵、行为贤能，因而得到赏赐的人。

【原文】

然则富贵为暴以得其罚者谁也？曰：若昔者三代暴王桀纣幽厉者是也。何以知其然[1]也？曰：其为政乎天下也，兼而憎之，从而贼[2]之，又率天下之民以诟[3]天侮鬼，贼傲万民。是故天鬼罚之，使身死而为刑戮，子孙离散，室家丧灭，绝无后嗣。万民从而非[4]之曰“暴王”，至今不已。则此富贵为暴而以得其罚者也。

【注释】

①知其然：知道其原因。

②贼：残害。

③诟：辱骂。

④非：非难，责备。

【译文】

然而富贵而又残暴得到惩罚的人是谁呢？答道：如从前三代暴王夏桀、商纣、周幽王、周厉王这样的人。为何知道其中的原因呢？答道：他们治理天下，兼相憎恶，从而残害百姓，又率领天下百姓诟骂上天，侮辱鬼神，残害百姓。所以上天、鬼神惩罚他们，使他们遭到刑罚而被杀，子孙离散，家族丧失毁灭，没有后代，百姓从而斥责他们为“暴王”，至今不止。这就是身处高贵而行为残暴，因而得到惩罚的人。

【原文】

然则亲[1]而不善以得其罚者谁也？曰：若昔者伯鲧，帝之元子，废帝之德庸[2]，既乃[3]刑之于羽之郊，乃热照无有及也，帝亦不爱。则此亲而不善以得其罚者也。

【注释】

①亲：亲近。

②德庸：功德。

③既乃：不久。

【译文】

然而亲近却不做善事而得到惩罚的人是谁呢？答道：如从前的伯鲧，虽然是颛顼帝的长子，却废弃了帝王的功德，不久被流放到羽山郊外，那里太阳照不到，帝也不爱他，这是亲近却不做善事而得到惩罚的人。

【原文】

《周颂》道之曰："圣人之德，若天之高，若地之普[①]。其有昭于天下也，若地之固，若山之承[②]，不坼不崩；若日之光，若月之明，与天地同常。"则此言圣人之德章[③]明博大，埴固[④]以修久也。故圣人之德，盖总乎[⑤]天地者也。今王公大人欲王天下[⑥]、正诸侯，夫无德义，将何以哉？其说将必挟震威强。今王公大人将焉取挟震威强哉？倾者民之死也！民生为甚欲，死为甚憎。所欲不得，而所憎屡至。自古及今，未尝能有以此王天下、正诸侯者也。今大人欲王天下、正诸侯，将欲使意得乎天下，名成乎后世，胡不察尚贤为政之本也？此圣人之厚行[⑦]也。

【注释】

①普：广大。

②承：连绵不绝。

③章：同“彰”。

④埴固：坚定牢固。

⑤总乎：综合。

⑥王天下：称王天下。

⑦厚行：厚重的德行。

【译文】

《周颂》说：“圣人的功德，像天一样高，像地一样广，他的光辉普照于天下，就像大地一样稳固，像山一样耸立，不裂开不崩塌，像太阳的光芒，像月亮一样明亮，与天地长在。”这是说圣人的功德彰显博大，坚固长久。所以圣人的功德，综合于天地之间。现在王公大人希望称王天下，做诸侯之长，如果没有德行道义，将凭借什么呢？回答必定是用威信和强权。现在王公大人将如何获得威信和强权？镇压百姓逼迫他们去死！百姓很想求生，很憎恶死亡，所希望的得不到，而所憎恨的屡次降临。从古到今，没有人曾经能够以此称王天下，做诸侯之长的。现在大人想称王天下，做诸侯之长，想要使自己的愿望在天下得以实现，名传后世，为什么不考察尚贤的人是治理政务的根本呢？这是圣人崇高的德行。

【评析】

本篇列举了古代君主尚贤使能的许多典型事例，以雄辩的事实说明了君主如果想称王天下，做诸侯之长，建立功业，名重后世，必须尚贤使能，不分贫富、贵贱、远近、亲疏，唯贤是举，任用贤人能人为政。

对待贤能之人必须高予之爵，俸禄随之，给予他们足够的权力和信任，使他们发挥治国为政之才。

尚贤下

【原文】

子墨子言曰：天下之王公大人，皆欲其国家之富也，人民之众也，刑法之治[①]也。然而不识[②]以尚贤为政其国家百姓，王公大人本失尚贤为政之本[③]也。若苟王公大人本失尚贤为政之本也，则不能毋举物示之乎？今若有一诸侯于此，为政其国家也，曰："凡我国能射御之士，我将赏贵[④]之；不能射御之士，我将罪贱[⑤]之。"问于若国之士，孰喜孰惧？我以为必能射御之士喜，不能射御之士惧。我赏因而诱之矣，曰："凡我国之忠信之士，我将赏贵之；不忠信之士，我将罪贱之。"问于若国之士，孰喜孰惧？我以为必忠信之士喜，不忠不信之士惧。今惟毋以尚贤为政其国家百姓，使国为善者劝[⑥]，为暴者沮。大以为政于天下，使天下之为善者劝，为暴者沮。然昔吾所以贵尧舜禹汤文武之道者，何故以哉？以其唯毋临众[⑦]发政而治民，使天下之为善者可而劝也，为暴者可而沮也。然则此尚贤者也，与尧舜禹汤文武之道同矣。

【注释】

①治：治理。

② 不识：不知道，不懂得。

③ 本：根本。

④ 赏贵：奖赏并使其富贵。

⑤ 罪贱：治罪并使其贫贱。

⑥ 劝：劝勉。

⑦ 临众：面对百姓。

【译文】

墨子说："天下的王公大人都希望国家富裕，人口众多，刑法得到治理。然而，却不懂得尊重贤才，使他们治理国家百姓，王公大人本身就丧失了为政的根本。如果王公大人本身就丧失了尊崇贤才为政的根本，难道不能举例向他们说明吗？"现在如果有一位诸侯，在他的国家中治理政务，说："凡是我国能够射箭驾车的人，我将奖赏并使他富贵；不能射箭驾车的人，我将使他受罪贫贱。"试问这个国家的人，谁会喜欢谁会害怕？我认为必然是能够射箭驾车的人喜欢，不能够射箭驾车的人害怕。我曾经因此进一步引导，说："凡是我国忠信的士人，我将奖赏并使他富贵，不忠信的士人，我将使他受罪贫贱。"试问这个国家的士人，谁会喜欢谁会害怕？我认为必然是忠信的士人喜欢，不忠不信的士人害怕。现在只有尊崇贤才，使他们治理国家百姓，就会使国内做好事的人受到勉励，做坏事的人受到制止。然而，我们从前看重尧、舜、禹、汤、文武之道的原因是什么呢？因为他们面对百姓发布政令，治理百姓，使天下做好事的人得到勉励，做坏事的人得到制止。既然如此，那么这种尊崇贤才的做法，与尧舜禹汤文武的治国之道是相同的。

【原文】

而今天下之士君子[①]，居处言语[②]皆尚贤；逮至其临众发政而治民，莫知尚贤而使能。我以此知天下之士君子，明于小而不明[③]于大也。何以知其然乎？今王公大人，有一牛羊之财不能杀，必索良宰；有一衣裳之财不能制，必索良工。当王公大人之于此也，虽有骨肉之亲、无故富贵、面目美好者，实知其不能也，不使之也。是何故？恐其败财[④]也。当王公大人之于此也，则不失尚贤而使能。王公大人有一罢马[⑤]不能治，必索良医；有一危弓[⑥]不能张，必索良工。当王公大人之于此也，虽有骨肉之亲、无故富贵、面目美好者，实知其不能也，必不使。是何故？恐其败财也。当王公大人之于此也，则不失尚贤而使能。逮至其国家则不然，王公大人骨肉之亲、无故富贵、面目美好者则举之。则王公大人之亲其国家也，不若亲其一危弓、罢马、衣裳、牛羊之财与！我以此知天下之士君子，皆明于小而不明于大也。此譬犹瘖者而使为行人[⑦]，聋者而使为乐师。是故古之圣王之治天下也，其所富，其所贵，未必王公大人骨肉之亲、无故富贵、面目美好者也。

【注释】

①士君子：士大夫和君子。

②居处言语：居住说话。

③明：明白，懂得。

④败财：毁坏财物。

⑤罢（pí）马：疲病的马。

⑥危弓：坏弓。

⑦瘖者：哑巴。行人：出外的使者。

【译文】

现在天下的士大夫和君子，行为处事说话言谈都知道崇尚贤能，等到他们面对百姓发布政令，治理百姓，却不知道崇尚贤才使用能人。我因此知道天下的士大夫和君子，明白小事而不明白大事。为什么知道是这样呢？现在王公大人有一头牛羊不会宰杀，必定寻找好屠夫；有一件衣服不会缝制，必定寻找好裁缝。当王公大人做这些事时，即使是骨肉亲人、没有功劳而得到富贵的人、相貌美好的人，确实知道他们不能胜任，必定不使用他们。这是什么原因呢？恐怕他们会毁坏财物。当王公大人对待这些事，则不失去尊崇贤才使用能人的原则。王公大人有一匹病马不能医治，必定寻找好兽医；有一张坏弓不能张开，必定寻找好工匠。王公大人对待这些事，即使是骨肉亲人、没有功劳而得到富贵的人、相貌美好的人，确实知道他们不能胜任，必定不使用他们。这是什么原因呢？恐怕他们会毁坏财物。当王公大人对待这些事时，则不丧失尊崇贤才使用能人的原则。但等到他治理国家时则不是这样的，王公大人的骨肉亲人、没有功劳而得到富贵的人、相貌美好的人，就被荐举任用。那么王公大人亲近国家，还不如亲近一张坏弓、一匹病马、衣服、牛羊等财物！我因此知道天下的士大夫和君子，都明白小事而不明白大事。这如同使哑巴做出外的使者，让聋子做乐师。所以，古代的圣王治理天下，他们所富、所贵的人，未必是王公大人的骨肉亲人，也不一定是没有功劳却得到富贵的人、相貌美好的人。

【原文】

曰：今也大下之士君子，皆欲富贵而恶贫贱。曰：然女何为而得富贵而辟[①]贫贱？莫若为贤。为贤之道将奈何？曰：有力者疾[②]以助人，有财者勉以分人，有道者劝[③]以教人。若此，则饥者得食，寒者得衣，乱者得治。若饥则得食，寒则得衣，乱则得治，此安生生[④]。

【注释】

①辟：同“避”。

②疾：迅速。

③劝：勉力。

④生生：生活。

【译文】

有人说：现在天下士人君子，都想要得到富贵而厌恶贫贱。问道：然而你如何能够得到富贵，避免贫贱呢？不如做贤人。做贤人的方法是什么呢？答道：有力量的迅速帮助别人，有财物的努力分给他人，有学问的尽力教导别人。如果这样，那么饥饿者得到食物，寒冷者得到衣服，混乱社会得到治理。如果饥饿者得到食物，寒冷者得到衣服，混乱社会得到治理，那么人们就可以安定地生活了。

【原文】

今王公大人，其所富，其所贵，皆王公大人骨肉之亲、无故富贵、面目美好者也。今王公大人骨肉之亲、无故富贵、面目美好者，焉故[①]必知哉？若不知，使[②]治其国家，则其国家之乱，可得而知也。

【注释】

①焉故：何故。

②使：让。

【译文】

现在王公大人，他们所给予富裕、尊贵的人都是他们的骨肉亲人，是没有功劳却得到富贵和相貌美好的人。如今王公大人的骨肉亲人、没有功劳却得到富贵和相貌美好的人被任用，难道一定是有智慧的吗？如果没有智慧，让他们治理国家，那么国家的混乱，是可以预测而知的。

【原文】

今天下之士君子，皆欲富贵而恶贫贱，然女何为而得富贵而辟[①]贫贱哉？曰：莫若为王公大人骨肉之亲、无故富贵、面目美好者。王公大人骨肉之亲、无故富贵、面目美好者，此非可学而能者也。使[②]不知辩，德行之厚，若禹汤文武，不加得也；王公大人骨肉之亲，躄瘖[③]聋，暴为桀纣，不加失也。是故以赏不当贤，罚不当暴。其所赏者，已无故矣；其所罚者，亦无罪。是以使百姓皆攸心解体[④]，沮以为善；垂[⑤]其股肱之力，而不相劳来也；腐臭[⑥]余财，而不相分资[⑦]也；隐匿良道，而不相教诲也。若此则饥者不得食，寒者不得衣，乱者不得治。

【注释】

①辟：同“避”。

②使：假使。

③ 躄瘖：跛足和哑巴。

④ 攸心解体：人心涣散。

⑤ 垂：当作“舍”。

⑥ 腐臭：腐烂变质。

⑦ 分资：分给资财。

【译文】

现在天下的士人君子都想富裕尊贵，而厌恶贫贱。然而如何做才能得到富贵而避免贫贱呢？答道：不如做王公大人的骨肉亲人，没有功劳却得到富贵和面貌美好的人。王公大人的骨肉亲人，没有功劳却得到富贵和面目美好的人，这不是通过学习就能得到的。如果不是王公大人的骨肉亲戚，就算德行厚如禹、汤、周文王、周武王，也不会得到任用；王公大人的骨肉亲人，即便是跛足、哑巴、耳聋，而且品行如夏桀、商纣一样暴虐，也不会失掉富贵。所以奖赏的不是贤才，惩罚的不是暴徒。所奖赏的是没有功业的人，所惩罚的是没有罪过的人。因此百姓都人心涣散，停止做善事，四肢麻木懒惰，也不愿劳作相互帮助。即使多余的财物腐烂变质，也不分给别人；隐瞒良好的主张，也不相互教诲。如果这样，那么饥者不得食，寒者不得衣，社会混乱不能得到治理。

【原文】

是故昔者尧有舜，舜有禹，禹有皋陶，汤有小臣，武王有闳夭、泰颠、南宫括、散宜生，而天下和[①]，庶民阜[②]。是以近者安之，远者归[③]之。日月之所照，舟车之所及，雨露之所渐，粒食之所养，得此莫不劝誉[④]。且[⑤]今天下之王公大人士君子，中实将欲为仁义，求为上士，上欲中[⑥]

圣王之道，下欲中国家百姓之利，故尚贤之为说，而不可不察此者也。尚贤者，天、鬼、百姓之利而政事之本也。

【注释】

①和：太平。

②阜：富裕。

③归：归附。

④劝誉：劝勉赞誉。

⑤且：假如。

⑥中：合乎，符合。

【译文】

因此从前尧有舜，舜有禹，禹有皋陶，商汤有伊尹，周武王有闳夭、泰颠、南宫括、散宜生，所以天下太平，百姓富裕。近处的人得到安抚，远处的人得以归附。太阳和月亮所照耀的地方，车船所能到达的地方，雨露所滋润的地方，粮食所能供养的地方，得到贤人治理后没有不互相劝勉赞誉的。假使现在天下的王公大人、士人君子，真的想要行仁义之道，做高尚的士人，对上希望合乎圣王治理之道，对下想合乎国家百姓的利益，那对于崇尚贤才的学说，就不可不认真考察。崇尚贤才的人，符合上天、鬼神、百姓的利益，并且是政治的根本。

【评析】

本篇着重论述了要想使国家富裕，天下大治，人口众多，必须以尚贤为政。全篇形象地告诉人们，宰杀牛羊必须依靠屠夫，缝制衣服必须寻找裁缝，修东西必须借助工匠，这是人人都明白的道理。但放到治国之道上，王公大人们却任人唯亲，远避贤才，真是明小不明大，对待国家不如对待一件财物。本篇告诫治国者，要想合乎圣王之道，实行仁义之政，必须重视尚贤之说。

兼爱上

【原文】

圣人以治天下为事者也，必知乱之所自①起，焉②能治之；不知乱之所自起，则不能治。譬之如医之攻人之疾者然：必知疾之所自起，焉能攻③之；不知疾之所自起，则弗能攻。治乱者何独不然？必知乱之所自起，焉能治之；不知乱之所自起，则弗能治。

【注释】

①自：从。
②焉：乃。
③攻：治。

【译文】

圣人以治理天下的事作为事业，必须知道混乱是由什么引起的，才能治理它；不知道混乱是由什么引起的，就不能治理它。比如医生医治疾病，必须知道疾病是由什么引起的，才能医治；不知道疾病从何而生，就不能医治。治理天下混乱何尝不是这样？必须知道混乱从何处产生，才能治理；不知道混乱从何处产生，则不能治理。

【原文】

圣人以治天下为事者也，不可不察乱之所自起。当[1]察乱何自起，起不相爱。臣子之不孝君父，所谓乱也。子自爱，不爱父，故亏[2]父而自利；弟自爱，不爱兄，故亏兄而自利；臣自爱，不爱君，故亏君而自利，此所谓乱也。虽父之不慈子，兄之不慈弟，君之不慈臣，此亦天下之所谓乱也。父自爱也，不爱子，故亏子而自利；兄自爱也，不爱弟，故亏弟而自利；君自爱也，不爱臣，故亏臣而自利。是何也？皆起不相爱。

【注释】

①当：读为“尝”。

②亏：损害。

【译文】

圣人把治理天下作为事业，不可不考察混乱从何产生。尝试考察混乱是由什么引起的呢？是由人与人不相爱引起的。臣子不孝君主，就是所谓的混乱。儿子爱自己而不爱父亲，所以损害父亲的利益而使自己得利；弟弟爱自己，不爱兄长，所以损害兄长的利益而使自己得利；臣子爱自己，不爱君主，所以损害君主的利益而使自己得利，这就是所谓的混乱。即使父亲对儿子不慈爱，兄长对弟弟不慈爱，君主对臣子不慈爱，这也是天下所说的混乱。父亲爱自己，不爱儿子，所以损害儿子的利益而使自己得利；兄长爱自己，不爱弟弟，所以损害弟弟的利益使自己得利；君主爱自己，不爱臣子，所以损害臣子的利益使自己得利。这是为什么呢？都在于不相爱。

【原文】

虽至天下之为盗贼者亦然：盗爱其室，不爱其异室，故窃异室以利其室。贼爱其身，不爱人，故贼人[1]以利其身。此何也？皆起不相爱。虽至大夫之相乱家，诸侯之相攻国者亦然：大夫各爱其家，不爱异家，故乱异家以利其家。诸侯各爱其国，不爱异国，故攻异国以利其国。天下之乱物，具此而已矣。察此何自起？皆起不相爱。若使天下兼相爱，爱人若爱其身，犹有[2]不孝者乎？视父兄与君若其身，恶施不孝？犹有不慈者乎？视弟子与臣若其身，恶施不慈？故不孝不慈亡[3]有。犹有盗贼乎？故视人之室若其室，谁窃？视人身若其身，谁贼？故盗贼亡有。犹有大夫之相乱家，诸侯之相攻国者乎？视人家若其家，谁乱？视人国若其国，谁攻？故大夫之相乱家，诸侯之相攻国者亡有。若使天下兼相爱，国与国不相攻，家与家不相乱，盗贼无有，君臣父子皆能孝慈，若此，则天下治。

【注释】

①贼人：残害别人。

②犹有：还有。

③亡：通“无”。

【译文】

即使是天下做盗贼的也是这样。盗贼爱自己的家，不爱别人的家，所以盗窃别人的家以利于自己的家。盗贼爱自己，不爱别人，所以抢劫别人以利于自己。这是什么原因呢？都起于不相爱。以至于大夫相互扰乱封地、诸侯相互攻占国家，也是这样。大夫各爱自己的封地，不爱别人的封地，所以就扰乱别人的封地以利于自己的封地。诸侯各爱自己的国家，不爱别国，所以攻打别国以利于自己的国家。天下混乱的事就是这些。考察从何而起？都起于不相爱。如果让天下的人都相爱，爱别人如同爱自己，还有不孝的人吗？善待父亲、兄长和君主如同善待自己，又怎么会做不孝顺的事呢？还有不慈爱的吗？看待弟弟与臣子如同看待自己，又怎么会做不善爱的事呢？所以不孝不慈爱的事情没有了。还有盗贼吗？看待别人的家如同看待自己的家，谁会偷盗？看待别人的身体如同看待自己的，谁会残害别人？所以盗贼都没有了。还有大夫之间相互扰乱封地、诸侯之间相互攻打别国吗？看待别人的家如同看待自己的家，谁会扰乱？看待别人的国家如同自己的国家，谁会攻打？所以大夫相互扰乱封地、诸侯相互攻打别国的现象都没有了。假使天下的人彼此相爱，国家与国家之间不互相攻打，封地与封地不相互扰乱，没有盗贼，君主、臣子、父亲、儿子都能孝敬慈爱，如果这样，那么天下就治理好了。

【原文】

故圣人以治天下为事者，恶得[①]不禁恶而劝爱？故天下兼相爱则治，交相恶则乱。故子墨子曰：不可以不劝爱人者，此也[②]。

【注释】

①恶得：怎能。

②此也：道理在这里。

【译文】

所以圣人把治理天下作为事业，怎么能不禁止人们互相憎恶而劝勉人们相爱？所以天下人彼此相爱就会得到治理，互相憎恶就会变得混乱。所以墨子说：不可以不劝人彼此相爱，道理就在这里。

【评析】

兼爱是墨子的重要思想。墨子认为，天下混乱的根本原因，在于人们不兼爱，君不爱臣，父不爱子，兄不爱弟，臣不忠君，子不孝父，弟不敬兄，于是出现了家庭纷乱，国家之间互相攻打，天下大乱。只有天下人相爱，才会盗贼不兴，社会安定，天下太平。

兼爱中

【原文】

子墨子言曰：仁人之所以为事者，必兴[①]天下之利，除去天下之害，以此为事者也。然则天下之利何也？天下之害何也？子墨子言曰：今若国之与国之相攻，家之与家之相篡[②]，人之与人之相贼[③]，君臣不惠忠，父子不慈孝，兄弟不和调，此则天下之害也。然则崇[④]此害亦何用生哉？以不相爱生邪？子墨子言：以不相爱生。今诸侯独知爱其国，不爱人之国，是以不惮[5]举其国，以攻人之国。今家主独知爱其家，而不爱人之家，是以不惮举其家，以篡人之家。今人独知爱其身，不爱人之身，是以不惮举其身，以贼人之身。是故诸侯不相爱，则必野战；家主不相爱，则必相篡；人与人不相爱，则必相贼；君臣不相爱，则不惠忠；父子不相爱，则不慈孝；兄弟不相爱，则不和调。天下之人皆不相爱，强必执[6]弱，富必侮[7]贫，贵必敖贱，诈必欺愚。凡天下祸篡怨恨，其所以起者，以[8]不相爱生也，是以仁者非之。

【注释】

①兴：兴举，兴办。

②相篡：相互争夺。

③相贼：相互残害。

④崇：应为“察”，考察。

⑤惮：害怕，顾忌。

⑥执：控制，执掌。

⑦侮：欺侮。

⑧以：因为。

【译文】

墨子说：仁义的人治理政事的原则，必定是要增进天下的利益，除去天下的祸害，像这样来办事。那么天下的利益是什么？天下的祸患又是什么？墨子说：现在国家与国家相互攻打，家与家相互争夺，人与人之间相互残害，君主不惠，臣子不忠，父亲不慈爱，儿子不孝顺，兄长和弟弟之间不和睦相处，这是天下的祸害。既然这样，那么考察这种祸害是怎样产生的呢？是因为不相爱而产生的吗？墨子说：是因为人们不相爱产生的。现在诸侯只知道爱自己的国家，不爱别人的国家，因此，不惜用全国的力量，攻打别的国家。现在一家之主只知爱自己的家，而不爱别人的家，因此不惜用全家的力量，去篡夺别人的家。现在人们只知爱自己，不爱别人，因此不惜以自己全部力量残害别人。所以，诸侯之间不相爱，那么必然会发生战争；家主之间不相爱，必然互相争夺；人与人不相爱，就必然相互残害；君主和臣子不相爱，就不惠爱、不忠心；父子不相爱，就没有慈爱、孝顺；兄弟不相爱，就不会和睦相处。天下之人都不相爱，强大的必然控制弱小的，富裕的必然欺侮贫穷的，尊贵的必然轻视贫贱的，奸诈的必然欺骗愚昧的。凡是天下的祸害、争夺、积怨、仇恨，之所以会出现，是因为不相爱而引起的，因此，仁义的人认为这是不对的。

【原文】

既以非之，何以易[1]之？子墨子言曰：以兼相爱、交相利之法易之。然则兼相爱、交相利之法将奈何哉？子墨子言：视[2]人之国，若视其国；视人之家，若视其家；视人之身，若视其身。是故诸侯相爱，则不野战；家主相爱，则不相篡[3]；人与人相爱，则不相贼；君臣相爱，则惠忠；父子相爱，则慈孝；兄弟相爱，则和调。天下之人皆相爱，强不执弱，众不劫[4]寡，富不侮贫，贵不敖[5]贱，诈不欺愚。凡天下祸篡怨恨，可使毋起者，以相爱生也，是以仁者誉之。

【注释】

①易：改变。

②视：看待，对待。

③篡：篡夺，争夺。

④劫：胁迫，威逼。

⑤敖：通“傲”，轻视。

【译文】

既然认为这是不对的，那么怎么改变它？墨子说：用互相关爱、互相谋利的方法改变它。然而互相关爱、互相谋利的方法是什么呢？墨子说：对待别人的国家，如同对待自己的国家；对待别人的家庭，如同自己的家庭；对待别人的生命，如同自己的生命。所以诸侯相爱，就不会发生战争；家族相爱，就不会互相争夺；人与人相爱，就不会互相残害；君臣相爱，就会带来惠忠；父子相爱，就会有慈爱、孝顺；兄弟相爱，就会带来和睦。天下之人都相爱，强大的不控制弱小的，众多的不压迫少数的，富裕的不欺侮贫穷的，尊贵的不轻视卑贱的，奸诈的不欺侮愚昧的。凡是天下的祸患怨恨，都可使它们不发生，就是由于相爱，所有仁义的人都赞扬它。

【原文】

然而今天下之士君子曰：然！乃若兼则善矣；虽然[①]，天下之难物[②]于故也。子墨子言曰：天下之士君子，特不识其利，辩[③]其故也。今若夫攻城野战，杀身为名，此天下百姓之所皆难也。苟君说之，则士众能为之。况于兼相爱、交相利，则与此异！夫爱人者，人必从而爱之；利人者，人必从而利之；恶人者，人必从而恶之；害人者，人必从而害之。

此何难之有？特上弗以为政、士不以为行故也。昔者晋文公好士之恶衣[④]，故文公之臣，皆牂羊之裘[⑤]，韦[⑥]以带剑，练帛之冠，入以见于君，出以践于朝。是其故何也？君说之，故臣为之也。昔者楚灵王好士细要[⑦]，故灵王之臣，皆以一饭为节，胁息然后带，扶墙然后起。比期年[⑧]，朝有黧黑之色。是其故何也？君说之，故臣能之也。

【注释】

①虽然：即使这样。

②难物：难办的事情。

③辩：同“辨”，辨别。

④恶衣：粗制服装。

⑤牂羊之裘：母羊皮做的皮衣。

⑥韦：熟牛皮。

⑦细要：细腰。要，同“腰”。

⑧期年：一年。

【译文】

然而当今天下的士君子说：对！能兼相爱自然是好的。虽然这样很好，却是天下难以办到的事情。墨子说：天下的士君子，只是不懂得兼爱的益处，不了解兼爱的道理。现在攻城作战，为了成名而牺牲自己，这是天下百姓都觉得为难的。但如果国君喜欢，那么为官的和老百姓就会去做。何况互相关爱，互相谋利，与这些不同！爱别人的人，别人必然爱他；有利于别人的人，别人必然有利于他；憎恶别人的人，别人必然憎恶他；残害别人的人，别人必然残害他。这又有什么困难的？只是君主不以此为政，当官的不把它落实到行动上的缘故。从前，晋文公喜欢臣子穿粗制衣服，所以晋文公的臣子，都穿着母羊皮做的皮衣，用牛皮带佩挂剑，戴着熟绢的冠，进入官内见国君，出来侍列朝廷。这是什么原因呢？国君喜欢，所以臣子就这么做。从前，楚灵王喜欢细腰的士人，所以楚灵王的臣子，每天都吃一顿饭来节食，要深吸一口气然后再系腰带，扶着墙然后慢慢站起。等到一年后，满朝臣子面黑肌瘦。这么做的原因在哪里？国君喜欢，所以臣子就这样做。

【原文】

昔越王勾践好①士之勇，教驯②其臣，和合之，焚舟失火，试③其士曰："越国之宝尽在此！"越王亲自鼓④其士而进之，士闻鼓音，破碎乱行，蹈火⑤而死者，左右百人有余，越王击金而退之。是故子墨子言曰：乃若夫少食恶衣，杀身而为名，此天下百姓之所皆难也。若苟君说之，则众能为之；况兼相爱、交相利，与此异矣！夫爱人者，人亦从而爱之；利人者，人亦从而利之；恶人者，人亦从而恶之；害人者，人亦从而害之。此何难之有焉？特⑥上不以为政，而士不以为行故也。

【注释】

①好：喜欢。

②驯：通"训"。

③试：考验。

④鼓：击鼓。

⑤蹈火：跳进火里。

⑥特：只是。

【译文】

从前，越王勾践喜欢将士勇猛，为了教导训练臣子，对于自己发出的命令能起而响应，符合“勇”的要求，私下放火烧船考验他的臣子说：“越国的宝贝全在这里！”于是，越王亲自擂鼓激励将士们前进。将士们听到鼓声，乱了阵脚，跳进火里而死的人，大约有一百人，这时，越王鸣金收兵，他们才退下。所以墨子说：为了名声而少吃饭、穿粗布衣服、牺牲自己，这是天下百姓都觉得为难的。如果国君喜欢它，那么百姓也能够做到。何况互相关爱，互相谋利，与这些不同！爱别人的人，别人也爱他；给别人利益的人，别人也必定给他利益；憎恶别人的人，别人也憎恶他；损害别人的人，别人也损害他。这又有什么困难的？只是君主不以此为政，当官的不愿意去实施它罢了。

【原文】

是故子墨子言曰：今天下之君子，忠[①]实欲天下之富，而恶其贫；欲天下之治，而恶其乱，当兼相爱、交相利。此圣王之法，天下之治道也，不可不务[②]为也。

【注释】

①忠：通“中”。

②务：努力，尽力。

【译文】

所以墨子说：当今天下的君子，内心实在希望天下富裕，而厌恶贫穷；希望天下太平，而厌恶动乱，那大家就应当互相关爱，互相谋利。这是圣王的法则，是治理天下的方法，不可不努力去实施。

【评析】

本篇指出，仁义的人治理政事的原则是“兴天下之利，除天下之害”。要达到这个目的，必须实行圣王之道，即“兼相爱”，反对“交相恶”。墨子认为，实行兼相爱是十分简单的事情，关键看国君、士大夫愿不愿意去做，如何把它落实在实际行动上。譬如攻城作战，为名而死，这都是百姓们觉得为难的，但只要国君喜欢，百姓们都能做到，何况“兼相爱”的学说，与此根本不同！只要天下之君子，想使天下富裕，而厌恶贫穷和混乱，就应当实行“兼相爱，交相利”的治国学说。

兼爱下

【原文】

子墨子言曰：仁人之事者，必务[①]求兴天下之利，除天下之害。然当今之时，天下之害，孰为大？曰：若大国之攻小国也，大家之乱[②]小家也，强之劫弱，众之暴寡，诈之谋[③]愚，贵之敖贱，此天下之害也。又与[④]为人君者之不惠也，臣者之不忠也，父者之不慈也，子者之不孝也，此又天下之害也。又与今人之贱人，执其兵刃毒药水火，以交相亏贼[⑤]，此又天下之害也。

【注释】

①务：努力，务必。

②乱：扰乱。

③谋：谋划，算计。

④与：如。

⑤亏贼：残害。

【译文】

墨子说：仁义的人做事情，必须努力追求兴办天下的利益，消除天下的祸害。然而，当今之时天下的祸害，哪个是大的？回答道：如大国攻打小国，大家族攻打小家族，强大的掠夺弱小的，人多的欺凌人少的，奸诈的欺骗愚昧的，尊贵的轻视贫贱的，这是天下的祸害。又如做国君的不惠爱，做臣子的不忠心，做父亲的不慈爱，做儿子的不孝敬，这又是天下的祸害。又如现在残害人的人，拿着他们的刀枪、毒药、水、火，用这些来互相残害，这又是天下的大祸害。

【原文】

姑尝本原①若众害之所自生。此胡②自生？此自爱人、利人生与？即必曰："非然也。"必曰："从恶人、贼人生。"分名③乎天下，恶人而贼人者，兼与？别④与？即必曰："别也。"然即之交别者，果生天下之大害者与，是故别非也。子墨子曰：非人者必有以易之，若非人而无以易之，譬之犹以水救火也，其说将必无可矣。是故子墨子曰：兼以易别。然即兼之可以易别之故何也？曰：藉⑤为人之国，若为其国，夫谁独举其国以攻人之国者哉？为彼者，由为己也。为人之都，若为其都，夫谁独举其都以伐人之都者哉？为彼犹为己也。为人之家，若为其家，夫谁独举其家以乱人之家者哉？为彼犹为己也。然即国都不相攻伐，人家不相乱贼[6]，此天下之害与？天下之利与？即必曰天下之利也。

【注释】

①本原：追究根源。

②胡：何，哪里。

③分名：辨别名称。

④别：将别人与自己区分对待。

⑤藉：假如。

⑥乱贼：扰乱、残害。

【译文】

姑且从根本上追究许多祸害产生的原因，这些祸害从哪里产生的？难道是从爱人利人产生的吗？那么必定会说："不是这样的。"必定会说："是厌恶人、残害人产生的。"分辨一下天下厌恶人、残害人的人，是兼相爱呢？还是别相恶呢？必然会说："是别相恶啊。"既然这样，那么把自己和别人相区别，果然是产生天下大祸害的原因吗？所以说别相恶是不对的。墨子说："非难别人，必须有别的东西来替代它，如果非难别人而没有东西来替代，就好像用水救水，用火灭火，这种学说必然是不行的。"所以墨子说："兼相爱的学说可以更换别的学说。"然而兼相爱为什么可以更换别的呢？回答说："假如对待别人的国家，如同自己的国家，怎么会发动全国的力量去攻打别人的国家呢？因为别人的国家如同自己的国家啊。对待别人的都城，如同自己的都城，谁会发动整个都城的力量去攻打别人的都城？因为别人的都城如同自己的都城啊。对待别人的家，如同自己的家，谁会发动全家的力量去扰乱别人的家？因为别人的家如同自己的家啊！那么国家之间不相互攻打，家与家之间不相互残害，这是天下的祸害呢？还是天下的利益呢？必然说是天下的利益。”

【原文】

姑尝本原若众利之所自生。此胡[①]自生？此自恶人贼人生与？即必曰：“非然也。”必曰：“从爱人利人生。”分名[②]乎天下，爱人而利人者，别与？兼与？即必曰：“兼也。”然即之交兼者，果生天下之大利者与！是故子墨子曰：“兼是也。”且乡[③]吾本言曰：仁人之事者，必务求兴天下之利，除天下之害。今吾本原兼之所生，天下之大利者也；吾本原别之所生，天下之害者也。是故子墨子曰：别非而兼是者，出乎若方[④]也。

【注释】

①胡：何，哪里。

②分名：区分名称。

③乡：同“向”，从前。

④若方：这种方法。

【译文】

姑且尝试推究这众多利益所产生的根源，是由什么产生的呢？这是从厌恶人、残害人产生的吗？那么必定说不是这样的，必定说是从爱人利人产生的。区分天下爱人和利人的人，是因为别相恶呢？还是因为兼相爱呢？必定说兼相爱。人们互相兼爱，果然能够产生天下的大利。所以墨子说："兼相爱是正确的。"况且先前我说过：仁义的人的事业，务必追求兴办天下的利益，除去天下的祸害。现在我从本质上推究兼相爱所产生的是天下的大利，我从本质上推究别相恶所产生的是天下的大害。所以墨子说别相恶是不对的，兼相爱是对的，就出于这种原则。

【原文】

今吾将正求与[1]天下之利而取之，以兼为正[2]。是以聪耳明目相与视听乎，是以股肱毕强[3]相为动宰乎，而有道肆[4]相教诲，是以老而无妻子者，有所侍养以终其寿；幼弱孤童之无父母者，有所放依[5]以长其身。今唯毋以兼为正，即若其利也。不识天下之士，所以皆闻兼而非者，其故何也？然而天下之士，非兼者之言犹未止也，曰："即善矣，虽然，岂可用哉？"

【注释】

①与：兴办。

②正：通"政"，政事。

③毕强：强悍有力。

④肆：肆力，努力。

⑤放依：依靠。

【译文】

现在我正寻求一个给予天下利益的方法并采用它，以兼相爱治理天下。耳目聪明的人都相互照料，身体强悍有力的都相互帮助，具有道德学问的人都相互教诲，因此年老而没有妻子儿女的，可以得到奉养而寿终；年幼弱小没有父母的儿童，有所依靠而长大成人。现在唯有以兼相爱为政，可产生这些利益。不知道天下的士人，听到兼相爱就加以反对的原因是什么呢？然而，天下的士人，非难兼爱的言语还没有停止，说："兼相爱是好的，即使这样，难道可以实行吗？"

【原文】

子墨子曰：用而不可，虽我亦将非之；且焉[①]有善而不可用者。姑尝两而进[②]之。谁以为二士，使其一士者执别，使其一士者执兼。是故别士之言曰："吾岂能为吾友之身，若为吾身？为吾友之亲，若为吾亲？"是故退[③]睹其友，饥即不食，寒即不衣，疾病不侍养，死丧不葬埋。别士之言若此，行若此。兼士之言不然，行亦不然，曰："吾闻为高士于天下者，必为其友之身，若为其身；为其友之亲，若为其亲。然后可以为高士于天下。"是故退睹其友，饥则食之，寒则衣之，疾病侍养之，死丧葬埋之。兼士之言若此，行若此。若之二士者，言相非而行相反与？当[④]使若二士者，言必信，行必果，使言行之合，犹合符节也，无言而不行也。然即敢问：今有平原广野于此，被甲婴胄[⑤]，将往战，死生之权，未可识[⑥]也；又有君大夫之远使于巴、越、齐、荆，往来及否，未可识也。然即敢问：不识将恶也，家室奉承亲戚、提挈妻子而寄托之，不识于兼之有是乎？于别之有是乎？我以为当其于此也，天下无[⑦]愚夫愚妇，虽非兼之人，必寄托之于兼之有是也。此言而非兼，择即取兼，即此言行费[8]也。不识天下之士，所以皆闻兼而非之者，其故何也？

【注释】

①焉：哪里。

②进：通“尽”。

③退：归，返回。

④当：通“尝”。

⑤婴胄：戴着头盔。

⑥未可识：不可知道。

⑦无：无论。

⑧费：通“拂”，违背。

【译文】

墨子说：如果不能运用，即使是我也要非难它；何况哪里会有好但是不能用的东西呢？姑且试着让主张“兼”和“别”的人完全按自己的主张行事。假如有两个士人，让其中一个人主张“别”，让另一个人主张“兼”。所以主张“别”的人说：“我怎么能认为我朋友的身体如同我的身体？认为我朋友的亲人如同我的亲人？”所以返身看他的朋友，饥饿了不给他食物，寒冷了不给他衣服，生了病不照顾他，死亡了不埋葬他。主张“别”的人是这么说的，也是这么做的。主张“兼”的人却不是这样，行动也不是这样。主张“兼”的人说：“我听说成为天下品德高尚的人，必然认为朋友的身体如同自己的身体；认为朋友的亲人如同自己的亲人。然后可以成为天下品德高尚的人。”所以返身看他的朋友，饥饿了就供给食物，寒冷了就送给衣服，生了病就照顾他，死亡了就埋葬他。主张“兼”的人话是这么说的，行动也是这样的。像这样的两个士人，言论不同而且行为相反。如果这两种士人言必信，行必果，使言行一致，犹如符节相合，只要说了就做到，那么敢问：现在有平原旷野在这里，披着战甲，戴着头盔，将前去战斗，死生的结果不知道；又有君大夫将去遥远的巴、越、齐、荆等地，能否安全回来也不知道。那么请问：不能预料该怎么办呢？对于他的家室、需要奉养的双亲、需要带领的妻子和儿子，该托付给谁呢？不知寄托于主张“兼”的人对呢？还是寄托于主张“别”的人对呢？我认为在这个时刻，天下没有愚蠢的男女，即使不是主张“兼”的人，必定认为寄托给主张“兼”的人是对的。在言论上非议“兼”，行动却选择“兼”，即所谓言行相违背。不知天下的士人，听到“兼”就都加以非议，它的原因是什么呢？

【原文】

然而天下之士，非兼者之言，犹未止也，曰：“意[①]可以择士，而不可以择君乎？”姑尝两而进之。谁以为二君，使其一君者执兼，使其一君者执别。是故别君之言曰：“吾恶能为吾万民之身，若为吾身？此泰[②]非天下之情也。人之生乎地上之无几何也，譬之犹驷驰而过隙[③]也。”是故退[④]睹其万民，饥即不食，寒即不衣，疾病不侍养，死丧不葬埋。别君之言若此，行若此。兼君之言不然，行亦不然，曰：“吾闻为明君[⑤]于天下者，必先万民之身，后为其身，然后可以为明君于天下。”是故退睹其万民，饥即食之，寒即衣之，疾病侍养之，死丧葬埋之。兼君之言若此，行若此。然即交若之二君者，言相非而行相反与？常[⑥]使若二君者，言必信，行必果，使言行之合，犹合符节也，无言而不行也。然即敢问：今岁有疠疫[⑦]，万民多有勤苦冻馁，转死沟壑中者，既已众[⑧]矣。不识将择之二君者，将何从也？我以为当其于此也，天下无愚夫愚妇，虽非兼者，必从兼君是也。言而非兼，择即取兼，此言行拂也。不识天下所以皆闻兼而非之者，其故何也。

【注释】

① 意：通“抑”，或者。

② 泰：最，极。

③ 隙：缝隙。

④ 退：退下来。

⑤ 明君：圣明的君主。

⑥ 常：通“尝”，尝试，试着。

⑦ 疠疫：瘟疫。

⑧ 众：多。

【译文】

然而天下的士人，非难“兼”的话还未停止，说：“抑或可以用以选择士人，但不可以用以选择君主吧？”姑且尝试让主张“兼”和“别”的人完全按自己的主张行事。假设有两个君主，让其中一个主张“兼”的学说，让另一个主张“别”的学说。所以主张“别”的君主说：“我怎么能认为百姓的身体，如同我的身体？这太不符合天下的情理。人生于世上没有多长时间，譬如马车奔过缝隙那么快。”所以返身看他的百姓，饥饿了不给食物，寒冷了不给衣服，生了病不侍养，死亡了不埋葬。主张“别”的君主说话这样，行动也是这样。主张“兼”的君主不这样说话，行动也不是这样，说：“我听说做天下圣明的君主，必须先照顾百姓的身体，后照顾自己的身体，然后才可以做天下圣明的君主。”所以返身看他的百姓，饥饿了给食物，寒冷了给衣服，生了病就加以侍养，死亡了就帮助埋葬。主张“兼”的君主说话这样，行动也是这样。然而这两个君主，言语不同而行动也相反。尝试着让这两个君主言必信，行必果，使他们言行一致，犹如符节相合，只要说了就做到。那么请问：今年发生瘟疫，许多百姓都辛苦劳作却挨冻受饿，死后被抛在水沟、山沟中的人，已经有许多了。不知道百姓将如何选择这两个君主？我认为在这个时候，天下无论愚夫愚妇，即使是非议“兼”的人，必然认为选择主张“兼”的君主是对的。言语非议“兼”，实际却选择“兼”，这是言行不一啊。不知道天下人为什么听到“兼”就加以非议，它的缘故是什么呢？

【原文】

然而天下之士，非兼者之言也，犹未止也，曰：“兼即仁矣，义矣；虽然[1]，岂可为哉？吾譬兼之不可为也，犹挈泰山以超江、河也[2]。故兼者，直愿之也，夫岂可为之物哉？”子墨子曰：“夫挈泰山以超江、河，自古之及今，生民而来，未尝有也。今若夫兼相爱、交相利，此自先圣六王[3]者亲行之。”何知先圣六王之亲行之也？子墨子曰：“吾非与之并世同时，亲闻其声，见其色也，以其所书于竹帛、镂[4]于金石、琢于槃盂，传遗后世子孙者知之。”《泰誓》曰：“文王若日若月乍照，光于四方，于西土。”即此言文王之兼爱天下之博大也，譬之日月，兼照天下之无有私[5]也。即此文王兼也，虽子墨子之所谓兼者，于文王取法焉！

【注释】

① 虽然：即使这样。

② 犹挈：如同举着。超：越。

③ 先圣六王：即尧、舜、夏禹、商汤、周文王、周武王。

④ 镂：镂刻，雕刻。

⑤ 私：偏私，私心。

【译文】

然而天下的士人，非议“兼”的话，还没有停止，说：“兼虽然是仁爱的、正义的，但是，难道这样就可以实现了吗？我说‘兼’不可做到，如同举着泰山来越过长江、黄河。所以，‘兼’只不过是一种心愿，难道是可以实行的吗？”墨子说：“举着泰山越过长江、黄河，自古到今有人类以来不曾有这样的事。现在所说的普遍相爱，互相兴利，这是自先圣六王尧、舜、夏禹、商汤、周文王、周武王亲自实行的。”怎么知道这是先圣六王亲自实行的？墨子说：“我并非与他们生在同一个时代里，亲自听到他们说话，看见他们的相貌。从他们所书写在竹帛上、镂刻在金石上、雕刻在盘盂上来，留传到后世子孙的记载知道的。”《泰誓》说：“周文王如同日月照耀，光芒达到四方，照到西方的土地上。”这是说周文王广泛地爱天下的人，如同日月普遍照亮天下，没有任何偏私。这就是文王的“兼”，墨子所说的“兼”，就是取法于周文王。

【原文】

且不惟[①]《誓命》与《汤说》为然，《周诗》即亦犹是也。《周诗》曰：“王道荡荡，不偏不党[②]；王道平平，不党不偏。其直若矢，其易若底[③]。君子之所履，小人之所视。”若吾言非语道之谓也，古者文、武为正[④]，均分赏贤罚暴，勿有亲戚弟兄之所阿[⑤]。即此文、武兼也，虽子墨子之所谓兼者，于文、武取法焉。不识天下之人，所以皆闻兼而非之者，其故何也。

【注释】

①不惟：不只，不仅。

②不党：不偏私。

③底：同“砥”，磨刀石。

④正：同“政”。

⑤阿：袒护，迎合。

【译文】

况且不仅是《誓命》和《汤说》是这样，《周诗》也这样。《周诗》说：“王道浩浩荡荡，不偏不私；王道公平无比，不偏不私。它笔直如箭，平直如磨刀石。君子所实行，百姓所仰视。”如果我所说的还不足以说明“兼”，那么古代周文王、周武王为政公平，崇尚贤能，惩罚残暴，对待亲戚兄弟不袒护。这即是周文王、周武王之所谓的“兼”。墨子所说的“兼”，是从周文王、周武王那里借鉴效法的。不知道天下的人，听到“兼”就加以非议是什么原因呢？

【原文】

然而天下之非兼者之言，犹未止。曰：“意不忠亲之利[①]，而害为孝乎？”子墨子曰：“姑尝本原之[②]孝子之为亲度者。”吾不识孝子之为亲度者，亦欲人爱、利其亲与？意欲人之恶、贼其亲与？以说观之，即欲人之爱、利其亲也。然即吾恶先从事即得此？若我先从事乎爱利人之亲，然后人报我爱利吾亲乎？意我先从事乎恶人之亲，然后人报我以爱利吾亲乎？即必吾先从事乎爱利人之亲，然后人报我以爱利吾亲也。然即之交孝子者，果不得已乎？毋先从事乎爱利人之亲者与？意以天下之孝子为遇，而不足以为正乎？姑尝本原之先王之所书，《大雅》之所道，曰："无言而不雠[③]，无德而不报。投我以桃，报之以李。"即此言爱人者必见爱也，而恶人者必见恶也。不识天下之士，所以皆闻兼而非之者，其故何也。

【注释】

①意：抑或。忠：通"中"，合乎。

②本原之：从根本上推究它。

③雠：应答，回答。

【译文】

然而天下非议"兼"的言语还没有停止，说："抑或它不符合双亲的利益而有害于子女行孝道吧！"墨子说："姑且尝试探究孝子为双亲做打算的本源。"我不知孝子为双亲做打算，是为了让人爱他的双亲、给他双亲利益呢？抑或希望别人憎恶、残害他的双亲？以常情来看，就是希望人们关爱他的双亲、给他双亲利益。然而我先做什么才能得到这种效果？是我先关爱别人的双亲，给他们利益，然后别人才会以爱和利我的双亲来回报我？抑或我先憎恶、残害别人的双亲，然后别人才会以爱和利我的双亲来回报我？即必定是我先关爱别人的双亲，然后别人才会以爱和利我的双亲来回报我。那么这相互为孝子的事，果真是不得已的吗？我先从事于爱和利别人的双亲，是以为天下的孝子都是愚蠢的而不足以对他们的父母正当地尽孝道吗？姑且尝试探究先王的书《大雅》所说的道术，说："没有什么话我不应答，没有什么恩德我不回报。投我以桃，报之以李。"就是说爱别人的人必被别人所爱，而憎恶别人的人必被别人所憎恶。不知道天下的士人，听到"兼"就非议是什么缘故呢？

【原文】

意以为难[①]而不可为邪？尝有难此而可为者。昔荆灵王好小要[②]，当灵王之身[③]，荆国之士饭不逾[④]乎一，固据而后兴[⑤]，扶垣而后行。故约食为其难为也，然后为，而灵王说[⑥]之，未逾于世，而民可移也，即求以乡其上也。昔者越王勾践好勇，教其士臣三年，以其知为未足以知之也，焚舟失火，鼓[⑦]而进之。其士偃前列，伏水火而死有不可胜数也。当此之时，不鼓而退也，越国之士，可谓颤矣。故焚身为其难为也，然后为之，越王说之，未逾于世，而民可移[⑧]也，即求以乡上也。昔者晋文公好苴服。当文公之时，晋国之士，大布之衣，牂羊之裘，练帛之冠，且苴之屦，入见文公，出以践之朝。故苴服为其难为也，然后为，而文公说之，未逾于世，而民可移也，即求以乡其上也。是故约食、焚舟、苴服，此天下之至难为也。然后为而上说之，未逾于世而民可移也，何故也？即求以乡其上也。今若夫兼相爱、交相利，此其有利，且易为也，不可胜计也。我以为则无有上说之者而已矣。苟有上说之者，劝之以赏誉，威[⑨]之以刑罚，我以为人之于就兼相爱、交相利也，譬之犹火之就[⑩]上、水之就下也，不可防止于天下。

【注释】

①难：艰难，困难。

②要：通“腰”。

③当灵王之身：当楚灵王在世时。

④逾：超过。

⑤据而后兴：拄着拐杖而后站起来。

⑥说：通“悦”。

⑦鼓：击鼓。

⑧移：改变。

⑨威：威胁。

⑩就：向。

【译文】

或许认为“兼”太困难而不能做到吧？曾经有比这更艰难却可以做到的事。从前荆灵王喜欢细腰，当荆灵王在世时，荆国的士人每天吃饭不超过一次，拄着拐杖才能站起来，扶着墙壁才能行走。本来减少食物是难以做到的，但因为荆灵王喜欢这样就做了，时代没改变，人民的习惯却改变了，这是百姓追求与君主一致。从前越王勾践喜欢臣子勇猛，教导他的臣子三年，凭借他的智慧不足以预料教导的结果，于是纵火烧船，击鼓命令臣子前进，他的臣子前仆后继，扑到水中和火中而死的不可胜计。在这时，越王不击鼓退兵的话，越国的臣子可以说专心一意向前冲。引火烧身是难做的，然而臣子能做到是因为越王喜欢这样，时代没改变，百姓的风俗却可以改变。这是百姓追求与君主一致。从前晋文公喜欢粗布衣服。晋文公在世时，晋国的士人穿着粗布衣服和羊皮衣服，戴着绢帛帽子，蹬着麻布鞋子，入宫晋见晋文公，出来在朝廷上行走。穿简陋的衣服是难做到的，然而士人能做到，因为晋文公喜欢这样，时代没改变，百姓风俗却可以改变，这是百姓追求与君主一致。这是为什么呢？就是以此来迎合上面。现在实行普遍相爱，互相兴利，这样多么有利于天下，而且容易做到，简直无法计算。我认为这是没有君主喜欢它罢了。如果君主喜欢它，用奖赏荣誉来劝勉，用刑法惩罚来威胁，我认为人们追求普遍相爱，互相兴利，就如同火向上燃烧、水向下流动一样，将在天下形成不可扼制之势。

【原文】

故兼者，圣王之道也，王公大人之所以安也，万民衣食之所以足①也，故君子莫若审兼而务②行之。为人君必惠，为人臣必忠；为人父必慈，为人子必孝；为人兄必友，为人弟必悌③。故君子莫若欲为惠君、忠臣、慈父、孝子、友兄、悌弟，当若兼之不可不行也。此圣王之道，而万民之大利也。

【注释】

①足：丰足。

②务：务必，努力。

③悌：顺从，恭敬兄长。

【译文】

所以，兼是圣王的治国之道。王公大人所以平安无事，百姓所以丰衣足食，就依靠它，所以君子不如审慎对待兼而努力实行它。做君主必定惠爱，做臣子的必定忠心，做父亲的必定慈爱，做儿子的必定孝顺，做兄长的必定友爱，做弟弟的必定恭敬顺从。所以君子如果想做惠君、忠臣、慈父、孝子、友兄、悌弟，对待兼不可不执行。这是圣王之道，是广大百姓的大利益。

【评析】

本篇进一步阐述了兼爱是圣王之道，可以给百姓带来利益，仁人的事业就是兴天下之利，除天下之害。但是，天下有许多人不断攻击兼爱，对兼爱提出种种异议，认为兼爱不可行、不易行。墨子列举了大量事实，说明主张兼爱的人“为其友之身，若为其身，为其友之亲，若为其亲”“饥则食之，寒则衣之，疾病侍养之，死丧葬埋之”，甚至连攻击兼爱的人，在一定程度上也言行相反，同主张兼爱的人一致。兼爱并非难于实行之事，关键在于君主是否喜欢和实行，只要君主能够喜欢和实行，在天下实行兼爱是可以做到的。

非攻上

【原文】

今有一人，入人园圃，窃其桃李，众闻则非[1]之，上为政者得则罚之。此何也？以[2]亏人自利也。至[3]攘人犬豕鸡豚者，其不义，又甚入人园圃窃桃李。是何故也？以亏人愈多，其不仁兹甚，罪益[4]厚。至入人栏厩，取人马牛者，其不仁义，又甚攘人犬豕鸡豚。此何故也？以其亏人愈多。苟亏人愈多，其不仁兹甚，罪益厚。至杀不辜人也，扡[⑤]其衣裘、取戈剑者，其不义，又甚入人栏厩，取人牛马。此何故也？以其亏人愈多。苟亏人愈多，其不仁兹甚矣，罪益厚。当此天下之君子皆知而非之，谓之不义。今至大为攻国，则弗知非，从而誉[⑥]之，谓之义。此可谓知义与不义之别[⑦]乎？

【注释】

①非：责备。

②以：因为。

③至：至于。

④益：增加。

⑤扡：即“拖”字，拉下，剥下。

⑥誉：赞扬。

⑦别：区别，分别。

【译文】

现在有一个人，进入别人的果园里，偷窃桃子、李子，众人听见了就责备他，执政的长官知道了就要惩罚他。这是什么原因呢？因为损人利己。至于偷盗别人的鸡狗猪豚的人，他的不义，又超过进入别人的果园偷窃桃子、李子的。这是什么原因呢？因为损害别人更多，不仁义更厉害，罪过更大。至于进入别人的牲口圈，偷盗别人的牛马的人，他的不仁义，又超过偷盗别人鸡狗猪豚的。这是什么原因呢？因为他损害别人更多。如果损害别人越多，那么他的不仁义就越厉害，罪过就越大。

至于杀害无辜的人，又抢夺他的衣服，夺走他的戈剑佩戴，他的不义，又超过进入别人的牲口圈偷盗牛马的。这是什么原因呢？因为他损害别人更多。如果损害别人越多，他的不仁义就越厉害，罪过更加深重。当此之时，天下的君子都懂得去责备，称其为不仁义。现在最大的不仁义是攻打别人的国家，却没有人知道去反对，反而跟着称赞这种行为是仁义。这样可以说是明白了义和不义的区别吗？

【原文】

杀一人，谓之不义，必有一死罪矣。若以此说往[①]，杀十人，十重[②]不义，必有十死罪矣；杀百人，百重不义，必有百死罪矣。当此[③]天下之君子皆知而非之，谓之不义。今至大为不义攻国，则弗知非，从而誉之，谓之义。情[④]不知其不义也，故书其言以遗后世；若知其不义也，夫奚说书其不义以遗后世哉？今有人于此，少见黑曰黑，多见黑曰白，则以[⑤]此人不知白黑之辩矣；少尝苦曰苦，多尝苦曰甘，则必以此人为不知甘苦之辩矣。今小为非，则知而非之；大为非攻国，则不知非，从而誉之，谓之义。此可谓知义与不义之辩乎？是以知天下之君子也，辩义与不义之乱也。

【注释】

①往：类推。

②重：倍。

③当此：对比。

④情：通“诚”，实在。

⑤以：认为。

【译文】

杀害一人，叫作不义，必定会被判处死罪。如果以此推理，杀害十人，就是十倍的不义，必定会被判处十重死罪；杀害百人，就是一百倍的不义，必定会被判处一百重死罪。对于这些，天下的君子都懂得去责备，叫作不义。现在最大的不义是攻打别人的国家，而人们却不知道去谴责他，反而赞美这种行为，说这是义。也许是确实不知道这是不义的，所以将他们的言语写成书流传到后世；如果知道这是不义的，怎么能把不义的事写到书上而流传后世呢？现在有人少见到黑说是黑，多见到黑说是白，则认为这个人不知白和黑的分辨；少吃苦叫苦，多吃苦叫甜，那么必定认为这人不知甜和苦的分辨。现在做了很小错事的人，人们都知道他做错了并谴责他；大事上做错去攻打别的国家的人，人们却不知道责备他，反而赞扬这种行为，说这叫作义。这可以说是明白义和不义的区别吗？因此知道天下的君子，辨别义和不义的标准是混乱的。

【评析】

本篇指出了小的不义和大的不义的区别，认为天下的君子只知道小的不义，对大的不义如攻打别人的国家，都反而赞扬有加，墨子认为这是混淆了义和不义的区别，尖锐地批评了君子这种颠倒是非的行为。

非攻中

【原文】

子墨子言曰：古者[1]王公大人为政于国家者，情欲誉之审[2]，赏罚之当，刑政之不过失。是故子墨子曰：古者有语：谋而不得，则以往知来，以见[3]知隐。谋若此可得而知矣。今师徒[4]唯毋兴起，冬行恐[5]寒，夏行恐暑，此不可以冬夏为者也。春则废[6]民耕稼树艺，秋则废民获敛。今唯毋废一时，则百姓饥寒冻馁而死者，不可胜数。今尝[7]计军上：竹箭、羽旄、幄幕、甲盾、拨劫，往而靡弊[8]腑冷不反者，不可胜数。又与矛、戟、戈、剑、乘车，其列住[9]碎折靡弊而不反者，不可胜数。与其牛马，肥而往，瘠而反，往死亡而不反者，不可胜数。与其涂道之修远[10]，粮食辍绝[11]而不继，百姓死者，不可胜数也。与其居处之不安，食饭之不时，饥饱之不节[12]，百姓之道疾病而死者，不可胜数。丧师多不可胜数，丧师尽不可胜计，则是鬼神之丧其主后，亦不可胜数。

【注释】

①古者：当为“今者”。

②审：谨慎，慎重。

③见：这里指明显的事情。

④师徒：军队。

⑤恐：恐怕，害怕。

⑥废：荒废，延误。

⑦尝：尝试，试着。

⑧靡弊：损坏。

⑨住：当为“往”。

⑩修远：长远，遥远。

⑪辍绝：中断。

⑫节：调节。

【译文】

墨子说：现在的王公大人治理国家，确实希望做到责备和赞扬都很谨慎，奖赏和惩罚得当，刑法和政令没有过失。所以墨子说：古代有句话：思考而没有结果，那么，就用过去的事情推知未来，以明显的事情推知隐蔽的事情。如此思考问题，就可以达到预想结果了。现在军队出征，冬天害怕寒冷，夏天害怕炎热，这是说军队不可以在冬天和夏天出征。春天出征就会耽误百姓耕作种植，秋天出征就会耽误百姓收获。现在如果耽误一个季节，那么百姓因为饥饿寒冷而死的人将不可计算。现在如果尝试计算一下军队的状况：竹箭、旌旗、帐幕、战甲、大小盾牌等，因为出征而损坏腐烂而不能返回的不可计算。又如矛、戟、戈、剑、战车等，因为出征折断损坏而不能返回的不可计算。又如牛马肥壮而去，瘦弱而返，因为死亡而不能返回的不可计算。又如因为道路遥远，粮食断绝供应不上而让百姓死亡的又不可计算。加上生活不安定，吃饭不按时，饥饱不调节，百姓在路上因为生病而死亡的不可计算。死亡的士兵不可计算，丧失的军队不可计算，那么鬼神丧失了他的主祭，鬼神丧失了他的后裔，也会不可计算。

【原文】

国家发政，夺民[1]之用，废民之利，若此甚众。然而何为为之？曰：“我贪[2]伐胜之名及得之利，故为之。”子墨子言曰：计其所自胜，无所可用也；计其所得，反不如所丧者之多。今攻三里之城、七里之郭，攻此不用锐[3]，且无杀，而徒[4]得此然也？杀人多必数于万，寡必数于千，然后三里之城、七里之郭且可得也。今万乘之国，虚数于千，不胜而入[5]；广衍数于万，不胜而辟[6]。然则土地者，所有余也；王民者，所不足也。今尽王民[7]之死，严[8]下上之患，以争虚城，则是弃所不足，而重所有余也。为政若此，非国之务者也！

【注释】

①夺民：掠夺百姓。

②贪：贪图。

③锐：兵器。

④徒：徒然，白白地。

⑤入：纳入，进入。

⑥辟：开辟，拥有。

⑦王民：当为“士民”。

⑧严：急，紧急。

【译文】

国家发布政令，掠夺百姓的物品，损害百姓的利益，像这样的事情很多。然而为什么要做呢？说：“我贪图征伐取得胜利的名声和所得到的利益，所以要去做。”墨子说：考虑自己所得到的胜利，毫无可用之处；计算他们所得到的，反而不如丧失的多。现在攻打三里方圆的城、七里方圆的郭，如果不用精锐的队伍，并且不进行屠杀，这能够白白得到吗？被杀的人多的必然达到万数，少的必达到千数，然后三里方圆的城、七里方圆的郭才可以得到。现在万辆兵车的大国，统辖之下的小城数以千计，治理都治理不过来。土地广延万里，开垦都开垦不完。既然这样，那么土地是有余的，士兵百姓却不足。现在让全部士兵百姓去拼力死战，加重了上下的祸患，以争夺城邑，那么就是抛弃不足的，而加重有余的。如此为政，不是国家所应当尽力做的。

【原文】

饰[①]攻战者言曰："南则荆、吴之王，北则齐、晋之君，始封于天下之时，其土地之方[②]，未至有数百里也；人徒[③]之众，未至有数十万人也。以攻战之故，土地之博，至有数千里也；人徒之众，至有数百万人。故当攻战而不可为也。"子墨子言曰："虽四五国则得利焉，犹谓之非行道也。譬若[④]医之药人之有病者然，今有医于此，和合[⑤]其祝药之于天下之有病者而药之。万人食此，若医四五人得利焉，犹谓之非行药也。故孝子不以食[⑥]其亲，忠臣不以食其君。古者封国于天下，尚[⑦]者以耳之所闻，近者以目之所见，以攻战亡者，不可胜数。"何以知其然也？东方自莒之国者，其为国甚小，间于大国之间，不敬事[⑧]于大，大国亦弗之从而爱利，是以东者越人夹削其壤地，西者齐人兼[⑨]而有之。计莒之所以亡于齐、越之间者，以是攻战也。虽南者陈、蔡，其所以亡于吴、越之间者，亦以攻战。虽北者且不一著何[⑩]，其所以亡于燕代、胡貊之间者，亦以攻战也。是故子墨子言曰："古者王公大人，情欲得而恶失，欲安而恶危，故当攻战，而不可不非。”

【注释】

①饰：掩饰。

②方：通“旁”，广。

③人徒：谓人口。

④譬若：譬如。

⑤和合：调和。

⑥食：供养。

⑦尚：同“上”。

⑧事：侍奉。

⑨兼：兼并，合并。

⑩且不一著何：当据道藏本为“且一著何”。且一、不著何，均为国名。

【译文】

那些替征战者辩解的人说：“南方的楚国、吴国之王，北方的齐国、晋国之君主，刚被封于天下时，他们的国土的大小没有几百里，百姓没有几十万。因为他们不断攻战的原因，土地大到有几千里，百姓之众达到几百万人。所以对于攻战是不能反对的。”墨子说：“即使四五个国家在攻战中得利，还是要说这不是行使正道。譬如医生给有病的人看病，现在有个医生在这里，为天下病人调和好药剂。上万人吃这种药，如果只是四五个人得到效果，仍然说这不是好药。所以孝子不用这种药给双亲吃，忠臣不用这种药给君主吃。古代受封号于天下的国家，年代久远的用耳朵去听，年代近的用眼睛来看，因为攻战而亡国的不可胜数。”

怎么知道是这样的呢？东方有个莒国，它面积很小，夹在大国中间，不肯恭敬地侍奉大国，也不跟从大国来谋得利益。因此东边的越国削夺它的土地，西边的齐国兼并了它的土地。分析莒国之所以灭亡于齐国、越国，在于攻战。南方的陈国、蔡国，它们在吴国、越国之间被灭亡的原因，也在于攻战。北方的且一和不著何两国，它们被燕、代、胡、貊等族所消灭，也在于攻战。所以墨子说："现在的王公士人，确实想要得到而厌恶失去，想要安定而厌恶危险，所以对于攻战的现象，就不能不反对。"

【原文】

是故子墨子言曰："古者有语曰：君子不镜于水，而镜于人。镜于水，见面之容；镜于人，则知吉与凶。"今以攻战为利，则盖尝鉴[①]之于智伯之事乎？此其为不吉而凶，既[②]可得而知矣。

【注释】

①鉴：借鉴。
②既：已经。

【译文】

所以墨子说："古代有句话：君子不以水为镜，而是以人为镜。以水为镜，可以看到面容；以人为镜，可以知道吉凶。"现在认为攻战有利，何不试着以智伯因攻战而灭亡的事为鉴呢？那么这就不是吉利的而是凶险的事，就可以知道了。

【评析】

本篇详细阐述了国家发动战争所造成的严重后果，延误农时必然使无数人因饥寒而死，行军打仗必然使武器、战车、牛马和将士损失惨重，所造成的损失不可胜数。有极少数国家由于攻战侥幸获得利益，但并不适合于天下所有国家，不能把攻战作为得天下的良方。墨子认为君子要以人为镜，以史为鉴，对于攻战这种行为不可不反对。

非攻下

【原文】

子墨子言曰：今天下之所誉[①]善者，其说将何哉？为其上中[②]天之利，而中中鬼之利，而下中人之利，故誉之与？意亡[③]非为其上中天之利，而中中鬼之利，而下中人之利，故誉之与？虽使下愚之人，必曰："将为其上中天之利，而中中鬼之利，而下中人之利，故誉之。"今天下之所同义者，圣王之法也。今天下之诸侯，将犹多皆免[④]攻伐并兼，则是有誉义之名，而不察[⑤]其实也。此譬犹盲者之与人，同命白黑之名，而不能分其物也，则岂谓有别哉！是故古之知者之为天下度[⑥]也，必顺[⑦]虑其义而后为之行。是以动则不疑，速通成得其所欲，而顺天、鬼、百姓之利，则知者之道也。是故古之仁人有天下者，必反大国之说[⑧]，一天下之和，总四海之内，焉[⑨]率天下之百姓，以农臣事上帝、山川、鬼神。利人多，功故又大，是以天赏之，鬼富之，人誉之，使贵为天子，富有天下，名参[⑩]乎天地，至今不废。此则知者之道也，先王之所以有天下者也。

【注释】

①誉：赞扬。

②中：符合，合乎。

③意亡：还是。

④免：同“勉”，勉力。

⑤察：观察，明察。

⑥度：思考，考虑。

⑦顺：通“慎”。

⑧大国之说：指功伐之说。

⑨焉：犹“乃”。

⑩参：立。

【译文】

墨子说：现在天下所赞扬的义，应该做什么解释呢？它上合乎天的利益，中合乎鬼神的利益，下合乎人的利益，所以才赞扬它呢？还是上不合乎天的利益，中不合乎鬼神的利益，下不合乎人的利益，所以赞扬它呢？即使最愚昧的人，必定说：“因为它上合乎天的利益，中合乎鬼神的利益，下合乎人的利益，所以赞扬它。”现在天下所认同的道义是圣王之法。现在天下的诸侯大多数都尽力于攻伐征战和兼并别国，于是就有赞扬道义的名声，而不考察它的实质。这好比盲人和正常人一样，同样知道黑白的名称，而不能分辨黑和白的实物，那么这难道可以说是有分别能力吗？所以古代的智者为天下思考，必定慎重考虑道义而后去做。依据道义而行动，则没有迟疑，确实得到自己所希望的，也合乎天、鬼神、百姓的利益，这是智者之道。所以古代拥有天下的仁人，必然反对扩大国土的攻战之说，让天下的人和睦相处，统一四海之内的国家。

于是率领天下的百姓从事农业，侍奉上帝和山川的鬼神。带给人们许多利益，功劳又大，因此天赏赐他，鬼神使他富裕，人们赞扬他，让他贵为天子，富有天下，名扬天下，到现在也没有停止。这是智者之道，也是先王拥有天下的原因。

【原文】

今王公大人、天下之诸侯则不然，将必皆差论[①]其爪牙之士，皆列其舟车之卒伍，于此为坚甲利兵，以往攻伐无罪之国，入其国家边境，芟刈[②]其禾稼，斩其树木，堕[③]其城郭，以湮其沟池，攘杀其牲牷[④]，燔[⑤]溃其祖庙，劲杀其万民，覆其老弱，迁其重器，卒进而柱乎斗，曰："死命为上，多杀次之，身伤者为下；又况失列北桡[⑥]乎哉？罪死无赦！"以谭其众。夫无兼国覆军，贼[⑦]虐万民，以乱圣人之绪，意将以为利天乎？夫取天之人，以攻天之邑，此刺杀天民，剥振[⑧]神之位，倾覆社稷，攘杀其牺牲，则此上不中天之利矣。意将以为利鬼乎？夫杀之人，灭鬼神之主，废灭先王，贼虐万民，百姓离散，则此中不中鬼之利矣。意将以为利人乎？夫杀之人为利人也博矣！又计其费[⑨]，此为周生之本，竭天下百姓之财用，不可胜数也，则此下不中人之利矣。

【注释】

①差论：挑选，选择。

②芟刈：割掉。

③堕：毁灭。

④牲牷：牲口。

⑤燔：烧。

⑥北桡：败逃。

⑦贼：残害。

⑧剥振："裂"的意思。

⑨费：费用。

【译文】

现在的王公大人、天下诸侯却不是这样，必定挑选他们的精兵猛将，排列战船和战车的队伍，制造坚固的盔甲和锐利的兵器，以去攻打无罪的国家，侵入别国的边境，割掉他们的庄稼，砍伐树木，摧毁城墙，填塞沟池，掠夺、屠杀牲口，烧毁祖庙，残杀百姓，覆灭老弱之人，运走国家之宝，终于导致激烈的攻战，说："拼命而死的为上，多杀人的次之，身体受伤的为下，又何况掉队和败退的呢？罪死不赦！"以此来恐吓部队，无非是为了兼并别国，覆灭军队，残害、虐待百姓，以扰乱圣人的事业。还认为这样是有利于上天的吗？利用天的人，攻天的城邑，刺杀天的百姓，毁坏神位，颠覆社稷，掠夺、屠杀祭祀的牲畜，这是上不合乎天的利益。还是认为这有利于鬼神吗？杀害天的人，毁灭鬼神的祭主，废弃先王的后裔，残害万民，使百姓流离失所，这是不合乎鬼神的利益。还是认为这是有利于人吗？杀害人家的百姓是有利于人民的，这是荒谬的！又计算攻战的费用，这是危害了民众生存的根本，用尽天下百姓的财物用度，多得不可计算，这是下不合乎人的利益。

【原文】

今夫师者[①]之相为不利者也，曰将不勇，士不分[②]，兵不利，教不习，师不众[3]，率不利和，威不圉[4]，害之不久，争之不疾，孙之不强，植心不坚，与国[5]诸侯疑。与国诸侯疑，则敌生虑而意赢矣。偏[6]具此物，而致从事焉，则是国家失卒，而百姓易务也。今不尝观其说好攻伐之国？若使中兴师，君子庶人也，必且数千，徒倍十万，然后足以师而动矣。久者数岁，速者数月。是上不暇[7]听治，士不暇治其官府，农夫不暇稼穑，妇人不暇纺绩织纴。则是国家失卒，而百姓易务也。然而又与其车马之罢[8]弊也，幔幕帷盖，三军之用，甲兵之备，五分而得其一，则犹为序疏矣。然而又与其散亡道路，道路辽远[9]，粮食不继傺，食饮之[10]时，厕役[11]以此饥寒冻馁疾病而转死沟壑中者，不可胜计也。此其为不利于人也，天下之害厚矣，而王公大人乐而行之，则此乐贼灭天下之万民也，岂不悖哉！今天下好战之国，齐、晋、楚、越，若使此四国者得意于天下，此皆十倍其国之众，而未能食其地也，是人不足而地有余也。今又以争地之故，而反相贼也，然则是亏不足而重有余也[12]。

【注释】

①师者：军队。

②分：疑为“奋”。

③众：多。

④圉：抵御。

⑤与国：友好国家。

⑥偏：通“遍”。

⑦不暇：没有时间。

⑧罢：通“疲”。

⑨辽远：遥远。

⑩ 之：当为“不”。

⑪ 厕役：杂役。

⑫ 亏：损害。重：增加。

【译文】

现在对于军队不利的是，将领不勇敢，士兵不奋勇，武器不锋利，训练不到位，人数不众多，士兵不和睦，面对危难不能抵御，不能长久阻止敌人，抗争不迅疾，约束不强劲，信心不坚固，与友好的国家诸侯产生疑心。与友好的国家诸侯产生疑心，那么会产生敌意而削弱共同的对敌之心。如果具备了这些因素，并要极力攻战，那么国家就失去了法度，百姓就改变了本业。现在何不试着观察喜欢攻伐的国家？如果中等规模兴兵打仗，君子和庶人必定数千人，士兵十万人，然后才足以兴兵行动。时间长则几年，快则几月。所以君上没有时间为政，士人没有时间治理官府，农夫没有时间耕作，妇女没有时间纺织，于是国家失去法度，百姓就改变了本业。加上车马疲惫损坏，帷幕遮盖，军队的费用，兵器等装备，如果能收回五分之一，就算收回很多了。再加上在道路上流离走散逃亡的，因为路途遥远，粮食无法供应，饮食不按时供应，使人饥饿寒冷生病而死于沟壑之中的不可计算。这不利于人，是天下的大祸害，而王公大人却喜欢去做，这是喜欢残害天下百姓，岂不相悖吗？现在天下喜欢攻战的国家是齐国、晋国、楚国、越国，如果让这四个国家得志于天下，即使让他们国中的人口增加十倍，也不能种完那些土地，这是人不足而土地有余。现在又因为争夺土地的原因，而互相残害，这是损害不足的，增加有余的。

【原文】

则夫好攻伐之君，又饰[①]其说以非子墨子曰：“子以攻伐为不义，非利物与？昔者楚熊丽，始讨[②]此睢山之间，越王繄亏，出自有遽，始邦[③]于越；唐叔与吕尚邦齐、晋。此皆地方数百里，今以并国之故，四分天下而有之。是故何也？”子墨子曰：“子未察吾言之类，未明其故者也。古者天子之始封诸侯也，万有余；今以并国之故，万国有余皆灭，而四国独立。此譬犹医之药万有余人，而四人愈[④]也，则不可谓良医矣。”

【注释】

① 饰：粉饰。

② 讨：当为“封”。

③ 邦：建立国家。

④ 愈：痊愈。

【译文】

那么那些喜欢攻伐的国君，又掩饰他们的主张来非难墨子说：“你难道认为攻伐不道义，不利于天下吗？从前楚国的熊丽，起初受封于睢山之间，越王繄亏从有遽出来，开始在越地建立国家。唐叔和吕尚在齐、晋两地建立国家。这些国家土地方圆几百里，现在因为兼并国家的原因，将天下分为四块，并占有它。这是什么原因呢？”墨子说：“你没有明察我说话的类别，不明白其中的原因。古代天子起初分封诸侯国时有一万余个，现在因为兼并国家的原因，一万余个国家都灭亡了，而只有这四个国家独立存在。这犹如医生的药剂用于一万余人，而只有四个人痊愈。那么这不能说是好医生。”

【原文】

则夫好攻伐之君又饰其说，曰：“我非以金玉、子女、壤地[①]为不足也，我欲以义名立于天下，以德求诸侯也。”子墨子曰：今若有能以义名立于天下，以德求诸侯者，天下之服，可立[②]而待也。夫天下处攻伐久矣，譬若傅子[③]之为马然。今若有能信效[④]先利天下诸侯者，大国之不义也，则同忧之；大国之攻小国也，则同救之。小国城郭之不全也，必使修之；布粟之绝则委之，币帛不足则共[⑤]之。以此效大国，则小国之君说[⑥]。人劳我逸，则我甲兵强。宽以惠，缓易急，民必移；易攻伐以治我国，攻必倍。量我师举[⑦]之费，以争诸侯之毙，则必可得而序利焉。督[⑧]以正，义其名，必务宽吾众，信吾师，以此授诸侯之师，则天下无敌矣，其为下不可胜数也。此天下之利，而王公大人不知而用，则此可谓不知利天下之巨务[⑨]矣。是故子墨子曰：今且天下之王公大人士君子，中情将欲求兴天下之利，除天下之害，当若繁为攻伐，此实天下之巨害也。今欲为仁义，求为上士，尚[⑩]欲中圣王之道，下欲中国家百姓之利，故当若“非攻”之为说，而将不可不察者此也！

【注释】

① 地：土地。
② 立：迅速。
③ 傅子：孺子。
④ 信效：效，通“交”，相交以信。

⑤共：通“供”，供应。

⑥说：通“悦”。

⑦师举：兴师。

⑧督：察。

⑨巨务：大的事务。

⑩尚：通“上”。

【译文】

那么那些喜欢攻伐的国君，又掩饰他们的主张来非难墨子说：“我不是因为金玉、百姓、土地不足，我想在天下立下道义的名声，以德行求之于诸侯。”墨子说：现在如果有能够在天下立下道义的名声，以德行求之于诸侯的人，天下的归顺就指日可待了。天下处于攻伐的时间很久了，好像把孺子当作马骑一样。现在如果有能够以信义交好并有利于天下诸侯的人，大国攻伐的不义之事，则同时忧患；大国攻打小国，则同时援救。小国的城墙不完备，一定要把它修理好；布匹、粮食断绝就想办法送给它，财物不足够就供应它。用这种方式去抵御大国，那小国的国君就很喜欢。别人疲劳我安逸，那么我的队伍就会强大。对待百姓宽厚惠爱，以和缓改变急迫，百姓必定听命。将攻伐战争改为治理国家，功绩必加倍。计算我军兴兵的费用，以用于安抚疲惫的诸侯，那么必然可以得到丰厚的利益。以正义督率，以仁义立名，必须尽力宽待我的民众，信任我的军队，以这种方式援助诸侯的军队，那么将天下无敌，带给天下的利益数不胜数。这是天下的利益，而王公大人不知道运用，这可以说不知道有利于天下的大事。所以墨子说：现在天下的王公大人和士人君子，内心确实想追求天下的利益，除去天下的祸害，但如果还是频繁地发动战争，这实在是天下的大害。现在想追求仁义，想做高尚的士人，上想合乎圣王之道，下想合乎国家百姓的利益，所以对反对攻伐的学说，不可不明察的原因就在这里。

【评析】

本篇以严密的逻辑，大量的事实，反驳了喜欢攻战的国君的种种歪理邪说。兴兵出师，侵入别国领土，刈割庄稼，夺杀牲畜，残杀百姓，掠夺土地，损不足而增有余，上不利于天，中不利于鬼神，下不利于国家百姓。至于喜欢攻伐的国君以攻伐战争作为立名天下，以德行结交诸侯的方法，这是不能自圆其说的。如果真的想立名天下，以德行结交诸侯，就应当反对攻伐之说，援助诸侯，制止战争，帮助别国，这才是天下的"要务"，是国君和王公大人所应当明察的。

耕柱

【原文】

子墨子怒①耕柱子。耕柱子曰："我毋俞②于人乎？"子墨子曰："我将上大行③，驾骥与羊，子将谁驱？"耕柱子曰："将驱骥也。"子墨子曰："何故驱骥也？"耕柱子曰："骥足以责④。"子墨子曰："我亦以子为足以责。"

【注释】

①怒：责备。

②俞：通“愈”，胜。

③大行：即太行。

④足以责：足以担当起责任来。

【译文】

墨子对耕柱子很生气。耕柱子说：“难道我没有胜过别人的地方吗？”墨子说：“我将要去太行山，用马或羊驾车，你将要哪一种驱车啊？”耕柱子回答说：“应该用马驱车。”墨子问：“为什么要用马驱车呢？”耕柱子回答说：“良马足以担当重任。”墨子说：“我也认为你能担当重任。”

【原文】

治徒娱、县子硕问于子墨子曰：“为义孰为大务[①]？”子墨子曰：“譬若筑墙然，能筑者筑，能实壤者实壤[②]，能欣者欣，然后墙成也。为义犹是也，能谈辩者谈辩，能说书者说书，能从事者从事，然后义事成也。”

【注释】

①务：事务，事情。

②实壤：把泥土倾倒在筑墙用的夹板之中。

【译文】

治徒娱、县子硕问墨子说：“做义事最重要的是什么？”墨子回答说：“如同筑墙一样，能筑土的就筑土，能填土的就填土，能挖土的就挖土，这样墙就可筑成。做义事如同这样，能谈论分辨的就去谈论分辨，能解释经书典籍的就去解释经书典籍，能身体力行的就去身体力行。这样，义事才能成功。”

【原文】

巫马子谓子墨子曰："子兼爱天下，未云利也；我不爱天下，未云贼也。功皆未至，子何独自是而非我哉？"子墨子曰："今有燎者[1]于此，一人奉水[2]将灌之，一人掺火将益之，功皆未至，子何贵于二人？"巫马子曰："我是彼奉水者之意，而非夫掺火者之意。"子墨子曰："吾亦是吾意，而非子之意也。"

【注释】

①燎者：放火的人。
②奉水：捧水。

【译文】

巫马子问墨子说："你兼爱天下，没有什么益处；我不爱天下，也没有什么害处。效果都没有达到，你为什么只认为自己正确，而认为我不正确呢？"墨子回答说："假如有人在这里放火，一个人捧来水，准备浇灭火，另一个拨弄火想让火烧旺，但二人的事都没做成，你认为哪一个人可贵呢？"巫马子回答说："我认为那个捧水的用意是正确的，而操火人的用意是错误的。"墨子说："我也是认为我'兼爱天下'的用意是正确的，而你'不爱天下'的用意是错误的。"

【原文】

子墨子游荆耕柱子于楚。二三子过[1]之，金食之三升，客之不厚[2]。二三子复于子墨子曰："耕柱子处楚无益矣！二三子过之，食之三升，客之不厚。”子墨子曰：“未可智也。”毋几何[3]而遗十金于子墨子，曰：“后生不敢死，有十金于此，愿夫子之用也。”子墨子曰：“果未可智也。”

【注释】

① 过：访。

② 不厚：不优厚。

③ 毋几何：没多久。

【译文】

墨子举荐耕柱子到楚国去做官。有几个同门去拜访他，耕柱子请他们吃饭，每餐只有三升米，招待他们不优厚。这几个人告诉墨子说：“耕柱子在楚国没有什么益处呀！我们几个人去拜访他，他请我们吃饭，每餐只有三升米，招待我们不优厚。”墨子说：“这还不能判断。”没有多久，耕柱子赠送十镒黄金给墨子，说：“学生不敢藏私，还要侍奉老师，这里有十镒黄金，请老师使用。”墨子说：“果然不能判断啊！”

【原文】

巫马子谓子墨子曰：“子之为义也，人不见而耶，鬼而不见而富，而子为之，有狂疾。”子墨子曰：“今使子有二臣于此，其一人者见子从事，不见子则不从事；其一人者见子亦从事，不见子亦从事，子谁贵于此二人？”巫马子曰：“我贵其见我亦从事，不见我亦从事者。”子墨子曰：“然则是子亦贵有狂疾也。”

【译文】

巫马子对墨子说："你做义事，人们没有看见你做义事来帮助你，鬼神也没有看到你做义事来福佑你，然而你却仍然这样做，这是有疯病。"墨子说："现在假使你有两个家臣在这里，其中一个，见到你就做事，见不到你就不做事；而另一个，见到你也做事，见不到你也做事，那么你喜欢哪一个人呢？"巫马子回答说："我喜欢那个见到我做事，不见到我也做事的人。"墨子说："既然这样，那么你也是有疯病的人了。"

【原文】

子夏之徒问于子墨子曰："君子有斗乎？"子墨子曰："君子无斗。"子夏之徒曰："狗豨[1]犹有斗，恶有士而无斗矣？"子墨子曰："伤矣哉！言则称于汤文，行则譬于狗豨，伤矣哉！"

【注释】

①豨（xī）：猪。

【译文】

子夏的学生对墨子说："君子之间有争斗吗？"墨子回答说："君子没有争斗。"子夏的学生说："狗和猪尚且有争斗，哪有士人会没有争斗的呢？"墨子说："痛心啊！你们言谈就称赞商汤和周文王，而行为上却和狗与猪相比，这太可悲了啊！"

【原文】

巫马子谓子墨子曰："舍今之人而誉先王，是誉槁[1]骨也。譬若匠人然，智槁木也，而不智生木。"子墨子曰："天下之所以生者，以先王之道教也。今誉先王，是誉天下之所以生也。可誉而不誉，非仁也。"

【注释】

①槁：干枯。

【译文】

巫马子对墨子说："舍弃当今的人，却去称颂古代的圣王，这是称颂枯骨。好比木匠一样，只知道枯木，却不知道活着的树木。"墨子回答说："天下存在的原因，是因为先王的道德教诲。现在称颂先王，就是称颂天下存在的根本。该称颂的却不去称颂，这是不仁。"

【原文】

子墨子曰："和氏之璧，隋侯之珠，三棘六异[1]，此诸侯之所谓良宝也。可以富国家，众人民，治刑政，安社稷乎？曰：不可。所谓贵良宝者，为其可以利也。而和氏之璧、隋侯之珠、三棘六异不可以利人，是[2]非天下之良宝也。今用义为政于国家，人民必众，刑政必治，社稷必安。所为贵良宝者，可以利民也，而义可以利人，故曰：义，天下之良宝也。"

【注释】

①三棘六异：即“三翮六翼”，九鼎。

②是：此，这。

【译文】

墨子说：“和氏璧、隋侯珠、九鼎，这些都是诸侯们认为最好的宝物。这可以用来使国家富足，使人口增多，使刑政得到治理，使国家得到安定吗？人们会回答说：不可能。宝物之所以值得珍视，是因为它可以使人得到利益。而和氏璧、隋侯珠、九鼎，不能给人利益，所以这些都不是天下的宝物。现在用义来施政于国家，国家一定会富有，人口必定增多，刑政必定得到治理，国家必定会安定。宝物之所以值得珍视，是因为它能有利于人民，而义可以使人民得到利益。所以说：义是天下的宝物。”

【原文】

叶公子高问政于仲尼曰：“善为政者若之何？”仲尼对曰：“善为政者，远者近之，而旧者新之。”子墨子闻之曰：“叶公子高未得其问也，仲尼亦未得其所以对也。叶公子高岂不知善为政者之远者近也，而旧者新是哉！问所以为之若之何也，不以人之所不智告人，以所智告之，故叶公子高未得其问也，仲尼亦未得其所以对也。”

【译文】

叶公子高向孔子请教施政之道，说：“善于施政的人是怎么做的呢？”孔子回答说：“善于施政的人，让远方的人亲近，对于故旧，要如同新交一样，不厌弃他们。”墨子听了就说：“叶公子高没有提出恰当的问题，孔子也未能正确回答。叶公子高难道会不知道善于施政的人要让远方的人亲近，对故旧要待之如新吗？他想问的是怎么去做，不拿人家所不懂的去告诉人家，而拿人家已经懂的去告诉人家，所以说，叶公子高没有提出恰当的问题，孔子也没有正确回答。”

【原文】

子墨子谓鲁阳文君曰：“大国之攻小国，譬犹童子之为马也。童子之为马，足用而劳。今大国之攻小国也，攻者，农夫不得耕，妇人不得织，以守为事；攻人者，亦农夫不得耕，妇人不得织，以攻为事。故大国之攻小国也，譬犹童子之为马也。”

【译文】

墨子对鲁阳文君说：“大国攻小国，就好像小孩子模仿马做游戏一样。小孩子模仿马，手足疲惫、身体劳苦。现在大国去攻打小国，被攻打的一方，农民不能种地，妇女不能纺织，都要把防御作为正事；进攻的一方，农民也不能种地，妇女也不能纺织，都要把进攻作为正事。所以大国进攻小国，就像小孩子模仿马行一样。”

【原文】

子墨子曰：“言足以复行①者，常之；不足以举行者，勿常。不足以举行而常之，是荡口②也。”

【注释】

① 复行：谓可举行。

② 荡口：谓信口胡说。

【译文】

墨子说："言论足以付诸行动的话，就常常说；言论不足以付诸行动的，就不要常常说。不足以付诸行动的却常常说，那是空话。"

【原文】

子墨子使管黔敖游高石子于卫，卫君致禄甚厚，设[1]之于卿。高石子三朝[2]必尽言，而言无行者。去而之齐，见子墨子曰："卫君以夫子之故，致禄甚厚，设我于卿，石三朝必尽言，而言无行，是以去之也。卫君无乃以石为狂乎？"子墨子曰："去之苟道[3]，受狂何伤！古者周公旦非关叔，辞三公，东处于商盖，人皆谓之狂，后世称其德，扬其名，至今不息。且翟闻之：'为义非避毁就誉。'去之苟道，受狂何伤！"高石子曰："石去之，焉敢不道也！昔者夫子有言曰：'天下无道，仁士不处厚焉。'今卫君无道，而贪其禄爵，则是我为苟陷人长也。"子墨子说，而召子禽子曰："姑听此乎！夫倍义而乡禄[4]者，我常闻之矣；倍禄而乡义者，于高石子焉见之也。"

【注释】

① 设：安排职位。

②三朝：三次朝见。

③苟道：假如合乎道义。

④倍义而乡禄：背弃道义，向往俸禄。

【译文】

墨子让管黔到卫国去称扬高石子，让高石子仕于卫，卫国国君给高石子很优厚的俸禄，安排他做卿。高石子三次朝见卫君，每次都竭尽其言，卫君却不采纳实行。于是高石子离开卫国前往齐国，见了墨子说："卫国国君因为老师您的缘故，给我的俸禄很优厚，安排我做卿。我三次入朝见卫君，每次都竭尽其言，可是卫君却不采纳实行。所以我才离开卫国。卫国国君恐怕会觉得我很狂妄吧？"墨子说："离开是合乎道义的，怎么会狂妄呢？古时候周公旦斥责管叔，辞去三公爵位，东行到商奄居住，人们都说他是狂妄的，但是后人却称颂他的德行，颂扬他的美名，直到现在没有停止。况且我听说过：做义事不是为了躲避批评而追求赞誉，离去是符合道义的，怎么会狂妄呢？"高石子说："我离开卫国，哪敢不遵循道义的原则呢！以前您有这样的话：'天下无道，仁义之士不应处于厚禄的位置上。'现在卫国国君无道，如果贪图他的俸禄、爵位，那么我就是白吃人家的粮食。"墨子听了很高兴，就把禽滑釐叫来，说："听听高石子这些话吧！违背道义而向往俸禄的，我常听说；拒绝俸禄而追求道义的，现在在高石子身上见到了。"

【原文】

子墨子曰："世俗之君子，贫而谓之富，则怒；无义而谓之有义，则喜。岂不悖哉！”

【译文】

墨子说：“世俗的君子，如果他贫穷你却说他富有，他就会生气；如果他无义你却说他有义，他就会高兴。难道不是不合乎常理吗？”

【原文】

公孟子曰：“先人有则，三而已矣。”子墨子曰：“孰先人而曰有则，三而已矣？子未智人之先有。”

【译文】

公孟子说：“前人已有的，只要效法它就行了。”墨子说：“谁说前人已有的，只要效法它就行了？你不知先人也有先人，那么先人也就变成后生的人了。”

【原文】

后生有反子墨子而反者：“我岂有罪哉？吾反后。”子墨子曰：“是犹三军北，失后之人求赏也。”

【译文】

有一个背叛墨子而又回到墨子门下的弟子，说：“我难道有罪吗？我是在后面背叛的。”墨子说：“这如同军队打了败仗，落伍的人还要求奖赏一样。”

【原文】

公孟子曰：“君子不作，术而已。”子墨子曰：“不然！人之其不君子者，古之善者不诛，今也善者不作。其次不君子者，古之善者不遂，己有善则作之，欲善之自己出也。今诛而不作，是无所异于不好遂而作者矣。吾以为古之善者则诛之，今之善者则作之，欲善之益多也。”

【译文】

公孟子说：“君子不创作，只阐述先贤之言罢了。”墨子说：“不对。极端无君子品格的人，对古代好的东西不阐述，对于现今好的也不创作。其次无君子品格的人，对古时好的不阐述，自己有好的就创作，是想让好的东西出于自己之手。现今只阐述而不创作的人，与不喜欢阐述却喜欢自我创作的人，是没有什么区别的。我认为，对古代善的则阐述，对当今善的则创作，是希望好的东西更加多。”

【原文】

巫马子谓子墨子曰：“我与子异，我不能兼爱。我爱邹人于[1]越人，爱鲁人于邹人，爱我乡人于鲁人，爱我家人于乡人，爱我亲于我家人，爱我身于吾亲：以为近我也。击我则疾，击彼则不疾于我，我何故疾者之不拂[2]，而不疾者之拂？故有我有杀彼以我，无杀我以利。”子墨子曰：“子之义将匿邪，意将以告人乎？”巫马子曰："我何故匿我义？吾将以告人。"子墨子曰："然则一人说子，一人欲杀子以利己；十人说子，十人欲杀子以利己；天下说子，天下欲杀子以利己。一人不说子，一人欲杀子，以子为施[③]不祥言者也；十人不说子，十人欲杀子，以子为施不祥言者也；天下不说子，天下欲杀子，以子为施不祥言者也。说子亦欲杀子，不说子亦欲杀子，是所谓经者口也，杀常之身者也！"子墨子曰："子之言恶利也？若无所利而不言，是荡口也。"

【注释】

①于：逾，超过。

②拂：去除。

③施：散布。

【译文】

巫马子对墨子说："我跟你不同，我不能做到兼爱。我爱邹国人比越国人深，爱鲁国人比邹国人深，爱我家乡的人比鲁国人深，爱我家里的人比家乡的人深，爱我父母比家里其他人深，爱我自己比我的父母深，这是因为和我亲近。打我，则我会疼痛；打别人，则不会疼在我身上。我为什么不帮助能感受到疼痛的自己，却去帮助我感受不到疼痛的别人呢？所以我只会杀他人以利于我，而不会杀我自己以利于他人。"墨子问："你的这种义，是要藏匿起来呢，还是要告诉别人呢？"巫马子回答说："我为什么要把我的义藏起来呢？我将要拿它来告诉别人。"墨子说："既然这样，那么有一个人喜欢你的主张，就要杀掉你，以有利于他自己；十个人喜欢你的主张，这十个人就想杀掉你以利于自己；天下的人都喜欢你的主张，天下的人就想杀掉你以利于自己。相反，有一个人不喜欢你的主张，这个人想要杀你，认为你是散布不吉祥言论的人；十个人不喜欢你的主张，这十个人想要杀你，认为你是散布不吉祥言论的人；天下的人都不喜欢你的主张，天下的人都想要杀你，认为你是散布不吉祥言论的人。喜欢你的主张的人想要杀你，不喜欢你的主张的人也想要杀你，这就是所谓祸从口出，常常招致杀身之祸啊！”墨子又说：“你说的话有什么益处呢？假如没有益处而发言论，这就是胡说一气了。”

【原文】

子墨子谓鲁阳文君曰：“今有一人于此，羊牛犓豢，维人[①]但割而和之，食之不可胜食也，见人之作饼，则还然[②]窃之，曰：‘舍余食。’不知日月安不足乎？其有窃疾乎？”鲁阳文君曰：“有窃疾也。”子墨子曰：“楚四竟[③]之田，旷芜而不可胜辟，谔灵数千，不可胜，见宋、郑之间邑，则还然窃之，此与彼异乎？”鲁阳文君曰：“是犹彼也，实有窃疾也。”

【注释】

① 维人：当为“饔人”之误。

② 还然：便捷的样子。

③ 四竟：即“四境”。

【译文】

墨子对鲁阳文君说："现在这儿有一个人，他的牛羊牲畜，任人宰割、烹调，吃都吃不完；但是看见人家发臭的饼，就急忙去偷窃，说：'放下，给我吃吧！'不知是他的美味食物不充足呢，还是他有偷窃的毛病呢？"鲁阳文君回答说："他是有偷窃的毛病。"墨子说："楚国境内的田地，空旷而荒芜，开垦不完，灵秀的川泽山林多得数不清；但是看见宋国、郑国的空城，就急忙去窃取，这与那个有偷窃毛病的人有什么不同吗？"鲁阳文君回答说："这就像那个人一样，确实有偷窃的毛病了。"

【原文】

子墨子曰："季孙绍与孟伯常治鲁国之政，不能相信，而祝于丛社，曰：'苟使我和。'是犹弇其目，而祝于丛社也，'苟使我皆视'。岂不谬哉！"

【译文】

墨子说："季孙绍和孟伯常共同治理鲁国的政事，彼此不能互相信任，就到神庙里祷告，说：'希望我们和好团结。'这犹如各自遮住眼睛，却在神庙里祷告：'希望我们都能看到。'这不是很荒谬吗？"

【原文】

子墨子谓骆滑氂曰：“吾闻子好勇。”骆滑氂曰：“然！我闻其乡有勇士焉，吾必从而杀之。”子墨子曰：“天下莫不欲与[1]其所好，度其所恶。今子闻其乡有勇士焉，必从而杀之，是非好勇也，是恶勇也。”

【注释】

①与：当为“兴”。

【译文】

墨子对骆滑氂说：“我听说你喜爱勇武。”骆滑氂回答说：“是的。我听说某个乡间有勇士，我就一定要去杀他。”墨子说：“天下没有人不想帮助自己所喜爱的人，除去自己厌恶的人。现在你听说乡间有勇士，就一定要去杀掉他，这不是喜爱勇武，而是厌恶勇武。”

【评析】

耕柱是墨子的弟子。本篇以首句“子墨子怒耕柱子”中的“耕柱”二字命篇，各个段落内容独立，互不连贯，大概是墨家弟子对墨子谈话的记录。本篇注译时略有删节。

贵义

【原文】

子墨子曰："万事莫贵于义。今谓人曰：'予子冠履而断子之手足，子为之乎？'必不为，何故？则冠履不若手足之贵也。又曰：'予子天下而杀子之身，子为之乎？'必不为，何故？则天下不若身之贵也。争一言①以相杀，是贵义于其身也。故曰，万事莫贵于义也。"

子墨子自鲁即齐，过故人②。谓子墨子曰："今天下莫为义，子独自苦而为义，子不若已。"子墨子曰："今有人于此，有子十人，一人耕而九人处③，则耕者不可以不益急矣。何故？则食者众而耕者寡也。今天下莫为义，则子如劝我者也，何故止我？"

【注释】

①争一言：争论一句话。

②过故人：探望老朋友。

③处：闲处。

【译文】

墨子说："万事没有比义更宝贵的了。如果现今对别人说：'给你帽子和鞋，但是要砍断你的手和脚，你愿意吗？'那人一定不愿意。什么原因呢？就是因为帽子和鞋不如手和脚珍贵。又有人说：'给你天下，但要杀了你，你愿意吗？'凡人必定不愿意。为什么呢？因为天下不如自己的身体珍贵。为了争辩义而选择死亡，这是因为义比身体更珍贵。所以说：万事没有比义更为宝贵的了。”

墨子从鲁国到齐国，探望一个老朋友。老朋友对墨子说：“现在天下没有人行义，你偏偏自己受苦去行义，你不如停止了吧。”墨子回答说：“现在这儿有一个人，他有十个儿子，只有一个儿子耕种而其他九个闲着，那么耕种的儿子不得不更加紧干活了。为什么呢？因为张口吃饭的人多而耕作的人少。现在天下没有什么人行义，那么你就应该鼓励我去加紧行义，怎么反而要阻止我呢？”

【原文】

子墨子南游于楚，见楚献惠王，献惠王以老辞，使穆贺见子墨子。子墨子说穆贺，穆贺大说，谓子墨子曰：“子之言则成[①]善矣，而君王，天下之大王也，毋乃曰‘贱人之所为’而不用乎？”子墨子曰：“唯其可行。譬若药然，草之本，天子食之，以顺[②]其疾，岂曰‘一草之本’而不食哉？今农夫入其税[③]于大人，大人为酒醴粢盛以祭上帝鬼神，岂曰‘贱人之所为’而不享哉？故虽贱人也，上比之农，下比之药，曾不若一草之本乎？且主君亦尝闻汤之说乎？昔者汤将往见伊尹，令彭氏之子御[④]。彭氏之子半道而问曰：‘君将何之？’汤曰：‘将往见伊尹。’彭氏之子曰：‘伊尹，天下之贱人也。若君欲见之，亦令召问焉，彼受赐矣。’汤曰：‘非女所知也。今有药此，食之，则耳加聪，目加明，则吾必说而强食之。今夫伊尹之于我国也，譬之良医善药也。而子不欲我见伊尹，是子不欲吾善也。’因下彭氏之子，不使御。彼苟然，然后可也。”

【注释】

①成：通“诚”，确实。

②顺：调治。

③税：指田赋等。

④御：驾车。

【译文】

墨子南游于楚国，去见楚惠王，楚惠王以年老推辞，并派穆贺来见墨子。墨子向穆贺游说，穆贺大喜，对墨子说：“你的主张，确实很好！但是君王，是天下的大王，恐怕将认为这是一个普通百姓的主张而不会采用吧？”墨子回答说：“只要它是可行的就行。就像药一样，本来只是一种草，天子吃下去，却可治疗他的疾病，难道会说‘不过是一棵草’而拒绝吃药吗？现在农民缴纳租税给大人，大人酿美酒、做祭品，用来祭祀上帝鬼神，上帝鬼神难道会说‘这是低贱的人所缴的租’而不享用吗？因此，即使是低贱的人，在上把他比作农民，在下把他比作药，难道还不如一棵草吗？而且您也听说过商汤的传说吧？从前商汤去见伊尹，让彭氏之子驾车。彭氏之子在半路上问：‘你要到哪里去？’商汤回答说：‘我要去见伊尹。’彭氏之子说：‘伊尹是低贱的人，如果你想要见他，就派人把他召来问话，他算是受到恩赐啊！’商汤说：‘这不是你所能懂的。现在有药在这里，吃了它，耳朵就会更加灵敏，眼睛就会更加明亮，那么我一定愉快地迫使自己吃下去。现在伊尹对于我们的国家，就好像良医和好药一样。而你不想让我见到伊尹，这是不想让我好呀。’于是叫彭氏之子下去，不让他驾车。楚王如果也像商汤一样，那么就可以采纳我的意见。”

【原文】

子墨子曰："凡言凡动[1]，利于天鬼百姓者为之；凡言凡动，害于天鬼百姓者舍之；凡言凡动，合于三代圣王尧、舜、禹、汤、文、武者为之；凡言凡动，合于三代暴王桀、纣、幽、厉者舍之。"

子墨子曰："言足以迁行[2]者，常之；不足以迁行者，勿常。不足以迁行而常之，是荡口也。"

子墨子曰："必去六辟[3]。必去喜，去怒，去乐，去悲，去爱，而用仁义。手足口鼻耳，从事于义，必为圣人。"

子墨子谓二三子曰："为义而不能，必无排其道。譬若匠人之斲而不能，无排其绳。"

子墨子曰："世之君子，使之为一犬一彘之宰，不能则辞之；使为一国之相，不能而为之。岂不悖哉！"

【注释】

① 动：行为，行动。

② 迁行：付诸行动。

③ 六辟：指喜、怒、乐、悲、爱、恶。

【译文】

墨子说："凡是言论和行动，有利于上天鬼神和老百姓的，就说就做；凡是言论和行动，有害于上天鬼神和老百姓的就不说不做。凡是言论和行动，符合夏商周三代圣王尧、舜、禹、汤王、周文王和周武王之道的，就说就做；凡是言论和行动，符合了夏商周三代暴君夏桀、商纣、周幽王、周厉王所为的，就不说不做。”

墨子说：“足以付诸行动的言论，要经常讲；不足以付诸行动的，不要经常讲。不足以付诸行动而经常讲的，这是胡说一气。”

墨子说：“一定要去掉六种邪僻。一定要去掉喜，去掉怒，去掉乐，去掉悲，去掉爱，去掉恶，而以仁义为准则。让手、脚、口、鼻子、耳朵、眼睛，都从事于义的事，必定会成为圣人。”

墨子对他的几个弟子说：“行义事而不能做好，必定不可归罪于学说本身。好像木匠砍木材不能砍好，不能诋毁他的墨绳一样。”

墨子说：“世上的君子，让他去做宰杀一狗一猪的屠夫，如果做不了就推辞；让他当一国的宰相，不能做却勉强去做。难道不是很荒谬吗？”

【原文】

子墨子曰：“今瞽[1]曰：‘钜者白也，黔者黑也。’虽明目者无以易[2]之。兼白黑，使瞽取焉，不能知也。故我曰瞽不知白黑者，非以其名也，以其取也。今天下之君子之名仁也，虽禹、汤无以易之。兼仁与不仁，而使天下之君子取焉，不能知也。故我曰天下之君子不知仁者，非以其名也，亦以其取也。”

子墨子曰：“今士之用身[3]，不若商人之用一布之慎也。商人用一布布，不敢继苟而雠焉，必择良者。今士之用身则不然，意之所欲则为之，厚者入刑罚，薄者[4]被毁丑，则士之用身不若商人之用一布之慎也。”

子墨子曰：“世之君子欲其义之成，而助之修其身则愠，是犹欲其墙之成，而人助之筑则愠也。岂不悖哉！”

子墨子曰：“古之圣王，欲传其道于后世，是故书之竹帛，镂之金石，传遗后世子孙，欲后世子孙法之也。今闻先王之遗而不为，是废先王之传也。”

【注释】

① 瞽：盲人。

② 易：改变。

③ 用身：设身处事。

④ 薄者：轻者。

【译文】

墨子说：“现在有一个盲人说：‘皑是白的，黔是黑的。’即使是眼睛明亮的人也无法更改这个判断。但是把白和黑混在一起，让盲人分辨，他就不能知晓了。所以说盲人不能知晓白黑，不是因为他们不知道黑和白的名称，而是因为他们不能辨别。现在天下的君子给仁义下定义，即使是夏禹、商汤都不能改变它。可要把仁和不仁的事放在一起，再让天下的君子辨别，他们就不能知晓了。因此我说天下的君子，不知道仁的，并不是因为不知道仁的名称，而是因为他们不能选取。”

墨子说：“现在的士人处世，还不如商人使用一个钱币那样谨慎。商人使用一个钱币去买东西，不敢轻率地成交，一定要选择好的。现在的士人处世就不是这样，想做什么就做什么，过错严重的受刑罚制裁，过错轻的遭受诟骂、羞辱。如此看来，士人处世，还不如商人使用一个钱币那样谨慎。”

墨子说：“当代的君子，想要成就仁义，但有人帮助他修养身心他却怨恨。这好比他想把墙修好，但别人帮助他筑墙他却恼怒一样，这难道不是很荒谬吗？”

墨子说：“古代的圣王，想把自己的道义传给后代，因此写在竹简、布帛上，刻在金石上，留传给后代子孙，要后代子孙学习它。现在听到了先王的道义却不去实行，这是废弃了先王所传的道义。”

【原文】

子墨子南游使卫，关中[①]载书甚多，弦唐子见而怪之，曰：“吾夫子教公尚过曰：‘揣[②]曲直而已。’今夫子载书甚多，何有也？”子墨子曰：“昔者周公旦朝读书百篇，夕见漆[③]十士，故周公旦佐相天子，其修至于今。翟上无君上之事，下无耕农之难，吾安敢废此？翟闻之：‘同归之物，信有误者。’然而民听不钧，是以书多也。今若过之心者，数逆于精微。同归之物，既已知其要矣，是以不教以书也。而子何怪焉？”

子墨子谓公良桓子曰：“卫，小国也，处于齐、晋之间，犹贫家之处于富家之间也。贫家而学富家之衣食多用，则速亡必矣。今简[④]子之家，饰车数百乘，马食菽粟者数百匹，妇人衣文绣者数百人，吾取饰车食马之费，与绣衣之财，以畜士，必千人有余。若有患难，则使百人处于前，数百于后，与妇人数百人处前后，孰安？吾以为不若畜士之安也。”

子墨子仕人于卫，所仕者至而反[⑤]。子墨子曰：“何故反？”对曰：“与我言而不当。曰‘待女以千盆’，授我五百盆，故去之也。”子墨子曰：“授子过千盆，则子去之乎？”对曰：“不去。”子墨子曰：“然则非为其不审也，为其寡也。”

【注释】

①关中：指车上的横栏，中间可以放东西。

②揣：揣度。

③漆：即“七”。

④简：看，阅。

⑤反：通“返”。

【译文】

墨子南游到卫国，车子里装了很多书，弦唐子见了觉得奇怪，问：“老师您曾对公尚过说：‘书不过是揣度是非曲直罢了。’现在老师装了这么多书，有什么用处呢？”墨子回答说：“从前周公旦早上读书百篇，晚上接见七十个士人，所以周公旦辅助天子，他的名声传到今天。我上没有国君的差事，下没有农民耕种的艰难，我怎么敢废弃这些书呢？我听说过：‘天下万事万物殊途同归，但传述的时候确实会出现差错。’人们所听说的不能一致，因此各述其所闻，书就多起来了。现在像公尚过这样，对于事理已洞察精微，对于殊途同归的道理，已知道其中关键之处，就不用以书为教了。而你为什么要感到奇怪呢？”

墨子对公良桓子说：“卫国是一个小国，处在齐国和晋国之间，就像一个贫家处在富家之间一样。贫家如果仿效富家穿衣、吃饭及大手大脚花钱，那么贫家必定很快破败。现在看看你的家，装饰的车子有几百辆，吃豆子和谷子的马有数百匹，穿绣花衣裳的妇女有几百人，如果把装饰车辆、养马匹的费用和做绣花衣裳的钱财用来养士，必定可养一千人还有余。如果遇到危难，就命令一百人在前面，几百人在后面，这跟让几百个妇女站在前后相比，哪一种安全？我认为不如养士安全。”

墨子派人到卫国做官，去做官的人到了卫国后却返回来了。墨子问他说："什么原因返回来了呢？"他回答说："卫国跟我说话不算数，说'给你俸禄一千盆'，实际上只给我五百盆，所以我离开了卫国。"墨子又问："给你的俸禄一千盆，那么你还离开吗？"他回答说："不离开。"墨子说："既然这样，那么你回来并不是因为卫国说话不算数，只是因为他们给你的俸禄太少了。"

【原文】

子墨子曰："世俗之君子，视义士[①]不若负粟者。今有人于此，负粟息于路侧，欲起而不能，君子见之，无长少贵贱，必起之。何故也？曰：义也。今为义之君子，奉承先王之道以语之[②]，纵不说而行，又从而非毁之，则是世俗之君子之视义士也，不若视负粟者也。"

子墨子曰："商人之四方，市贾信徙，虽有关梁之难，盗贼之危，必为之。今士坐而言义，无关梁之难，盗贼之危，此为信徙，不可胜计，然而不为，则士之计利，不若商人之察也。"

子墨子北之齐，遇日者[③]。日者曰："帝以今日杀黑龙于北方，而先生之色黑，不可以北。"子墨子不听，遂北，至淄水，不遂而反焉。日者曰："我谓先生不可以北。"子墨子曰："南之人不得北，北之人不得南，其色有黑者，有白者，何故皆不遂也？且帝以甲乙杀青龙于东方，以丙丁杀赤龙于南方，以庚辛杀白龙于西方，以壬癸杀黑龙于北方，若用子之言，则是禁天下之行者也。是围[④]心而虚天下也，子之言不可用也。"

子墨子曰："吾言足用矣，舍吾言革思者，是犹舍获而攈[⑤]粟也。

以其言非吾言者，是犹以卵投石也，尽天下之卵，其石犹是也，不可毁也。”

【注释】

①义士：指推行仁义的人。

②语之：告诫他。

③日者：卜筮的人。

④围：阻止。

⑤攈：拾取。

【译文】

墨子说：“世俗的君子，看待义士还不如对待一个背粮食的人。现在这儿有一个人背着粮食，在路旁休息，要站起来时却站不起来，君子看见了，无论他是年长的、年少的、高贵的、低贱的，一定帮助他站起来。为什么？回答说：这就是‘义’。现在那些行义的君子，奉行先王的道义来告诫世俗的君子，世俗的君子即使不喜好不实行也罢，却又加以非议、诋毁，这就说明世俗的君子看待义士还不如对待一个背粮食的人。”

墨子说：“商人到四方去，买进和卖出货物的价钱相差一倍或几倍，即使有关卡的险阻，有盗贼的危险，他们还是要这样做。现在士人坐着讲义，没有关卡的障碍，没有盗贼的危险，而获得的利益不可胜数，然而却不去做。可见士人计算利益，不如商人明察。”

墨子往北去齐国，遇到一个卜卦先生。卜卦先生说：“天帝于今天这个日子要在北方杀死黑龙，你的脸色这么黑，不能去北方。”墨子不听，终于北上，到了淄水，没有渡过淄水就返回来了。卜卦先生说：

“我告诉过你，不能去北方。”墨子说：“淄水之南的人不能北渡，淄水之北的人也不能南渡，他们的脸色有黑的，有白的，为什么都不能顺利渡过去呢？再说天帝要在甲乙日在东方杀青龙，丙丁日在南方杀赤龙，庚辛日在西方杀白龙，壬癸日在北方杀黑龙，如果按照你的说法，那就是禁止天下人行走了。这是违背人们的心意而使天下虚无人迹，你的话是不可取的。”

墨子说：“我的言论是可以实施的，放弃我的言论而考虑别的，这就好像放弃了收割而去拾遗漏的谷穗一样。用他人的言论来否定我的言论，就像用鸡蛋砸石头那样，用尽了天下的鸡蛋，石头还是原来的样子不可毁坏。”

【评析】

“贵义”即没有比义更贵重的。本篇取首句“万事莫贵于义”中的“贵”“义”二字命篇。各段内容相对独立，不太连贯，以“义”为主，是墨子的弟子对墨子言论的记述与辑录。

鲁问

【原文】

鲁君谓子墨子曰：“吾恐齐之攻我也，可救乎？”子墨子曰：“可。昔者，三代之圣王禹、汤、文、武，百里之诸侯也，说忠行义①，取天下；三代之暴王桀、纣幽、厉，仇怨②行暴，失天下。吾愿主君之上者尊天事鬼，下者爱利百姓，厚为皮币，卑辞令，亟遍礼四邻诸侯，驱国而以事齐，患可救也。非此，顾无可为者。”

齐将伐鲁，子墨子谓项子牛曰：“伐鲁，齐之大过也。昔者，吴王东伐越，栖诸会稽；西伐楚，葆昭王于随；北伐齐，取③国子以归于吴。诸侯报其仇，百姓苦其劳，而弗为用。是以国为虚戾④，身为刑戮也。昔者智伯伐范氏与中行氏，兼三晋之地。诸侯报其仇，百姓苦其劳，而弗为用。是以国为虚戾，身为刑戮，用是也。故大国之攻小国也，是交相贼也，过必反于国。”

子墨子见齐大王曰：“今有刀于此，试之人头，倅⑤然断之，可谓利乎？”大王曰：“利。”子墨子曰：“多试之人头，倅然断之，可谓利乎？”大王曰：“利。”子墨子曰：“刀则利矣，孰将受其不祥？”大王曰：“刀受其利，试者受其不祥。”子墨子曰：“并国覆军，贼敖百姓，孰将受其不祥？”大王俯仰而思之，曰：“我受其不祥。”

【注释】

①说忠行义：力主忠诚，施行仁义。

②仇怨：以抱怨的人当仇人。

③取：俘获。

④虚戾：灭亡。

⑤倅：当为“卒”，仓猝。

【译文】

鲁国国君问墨子：“我担心齐国进攻我国，可以解救吗？”墨子回答说：“可以。从前三代的圣王禹、汤、文王、武王，都是领地只有百里的诸侯，他们爱忠诚，行仁义，取得了天下；三代的暴君桀、纣、幽王、厉王，他们把对自己有怨言的人当作仇人，行暴政，失掉了天下。我希望君主对上能尊崇上天和侍奉鬼神，对下能爱护和造福于百姓，多准备牛皮和布帛等作为礼物，言辞要谦卑，并且尽快向四邻诸侯献礼致敬，并驱使全国人民来对付齐国，那么灾祸是可以解除的。不这样确实毫无其他办法了。”

齐国将要攻打鲁国，墨子对齐国将领项子牛说：“攻打鲁国，是齐国的大错。从前，吴王往东攻打越国，让越王困守在会稽；往西攻打楚国，让楚将保护着昭王逃到随国；往北攻打齐国，俘虏齐将国书押回吴国。后来诸侯报仇雪恨，老百姓疲惫不堪，不肯为吴王效命，所以国家灭亡了，吴王自己遭受刑戮。从前智伯攻打范氏和中行氏，兼并了晋国三家的领地。后来诸侯报仇雪恨，老百姓疲惫不堪，不肯为智伯效命。所以国家灭亡了，智伯自己遭受刑戮。所以，大国进攻小国，是互相残害，灾祸一定会反过来殃及自己国家。”

墨子去见齐太公田和说：“现在这里有一把刀，用它试砍人头，一下子就砍断了，这可以说是锋利吗？”国君答道：“锋利。”墨子说：“多次试砍人头，都是一下子就砍断了，这可以说是锋利吗？”国君答道："锋利。"墨子又说："刀是锋利，但谁会遭受那种不幸呢？"国君回答说："刀有了锋利之名，持刀试砍的人将会遭受不幸。"墨子紧接着问："兼并别人的国家，消灭别人的军队，残害别人的老百姓，谁将会遭受不幸呢？"国君低下头思考之后说："我将会遭受不幸。"

【原文】

鲁阳文君将攻郑，子墨子闻而止之，谓阳文君曰："今使鲁四境之内，大都攻其小都，大家伐其小家，杀其人民，取其牛马、狗豕、布帛、米粟、货财，则何苦？"鲁阳文君曰："鲁四境之内，皆寡人之臣也。今大都攻其小都，大家伐其小家，夺之货财，则寡人必将厚罚之。"子墨子曰："夫天之兼有天下也，亦犹君之有四境之内也。今举兵将以攻郑，天诛亓不至乎？"鲁阳文君曰："先生何止我攻郑也？我攻郑，顺于天之志。郑人三世杀其父，天加诛焉，使三年不全[①]，我将助天诛也。"子墨子曰："郑人三世杀其父，而天加诛焉，使三年不全，天诛足矣。今又举兵，将以攻郑，曰：吾攻郑也，顺于天之志。譬有人于此，其子强梁不材，故其父笞之，其邻家之父，举木而击之，曰：吾击之也，顺于其父之志。则岂不悖哉！"

子墨子谓鲁阳文君曰："攻其邻国，杀其民人，取其牛马、粟米、货财，则书之于竹帛，镂之于金石，以为铭于钟鼎，传遗后世子孙，曰：'莫若我多！'今贱人也，亦攻其邻家，杀其人民，取其狗豕、食粮、衣裘，亦书之竹帛，以为铭于席豆，以遗后世子孙，曰：'莫若我多！'亓可乎？"鲁阳文君曰："然。吾以子之言观之，则天下之所谓可者，未必然也。"

子墨子为鲁阳文君曰：“世俗之君子，皆知小物，而不知大物。今有人于此，窃一犬一彘，则谓之不仁，窃一国一都，则以为义。譬犹小视白谓之白，大视白则谓之黑。是故世俗之君子，知小物而不知大物者，此若言之谓也。”

鲁阳文君语子墨子曰：“楚之南，有啖[②]人之国者桥，其国之长子生，则鲜而食之，谓之宜弟，美则以遗其君，君喜则赏其父。岂不恶俗哉？”子墨子曰：“虽中国之俗，亦犹是也。杀其父而赏其子，何以异食其子而赏其父者哉？苟不用仁义，何以非夷人食其子也？”

鲁君之嬖人[③]死，鲁君为之诔，鲁人因说而用之。子墨子闻之曰：“诔者，道死人之志也。今因说而用之，是犹以来首[④]从服也。”

鲁阳文君谓子墨子曰：“有语我以忠臣者，令之俯则俯，令之仰则仰，处则静，呼则应，可谓忠臣乎？”子墨子曰：“令之俯则俯，令之仰则仰，是似景也；处则静，呼则应，是似响也。君将何得于景与响哉？若以翟之所谓忠臣者，上有过，则微之以谏；已有善，则访之上，而无敢以告；外匡其邪，而入其善，尚同而无下比。是以美善在上，而怨仇在下；安乐在上，而忧戚在臣。此翟之所谓忠臣者也。”

【注释】

① 不全：这里指灾荒之年。

② 啖：吃。

③ 嬖人：宠爱的小妾。

④ 来首：疑即“狸首”。

【译文】

鲁阳文君将要进攻郑国，墨子听说后就去阻止这件事。他对鲁阳文君说：“现在让鲁国的四境之内，大城攻打小城，大家去攻伐小家，杀害那里的人民，掠夺人家的牛马狗猪和布帛、米粮、货物、钱财，那么会怎么样？”鲁阳文君说：“鲁国的四境之内都是我的臣民。现在如果大城攻打小城，大家去攻伐小家，掠夺人家的货物、钱财，那么我必定要重重地处罚他。”墨子说：“上天兼有整个天下的土地，就如同你拥有四境之内的土地一样。现在你起兵将要讨伐郑国，上天对你的惩罚难道不会降临吗？”鲁阳文君说：“先生为什么要阻止我进攻郑国呢？我讨伐郑国，是顺从上天的意志。郑国人三代把自己的国君杀了，所以上天对郑国人加以惩罚，使他三年都有灾荒。我要协助上天讨伐郑国。”墨子说：“郑国人三代都把自己的国君杀了，所以上天对郑国人加以惩罚，使他三年都有灾荒，上天的惩罚已经足够了。现在你又起兵要讨伐郑国，并且说进攻郑国，是顺从上天的意志。就好比有这样一个人，他的儿子蛮横而不守规矩，不成器，因而他父亲用竹板打他，其邻居家的长辈也拿起木棍来打他，还说：我打他，是顺从他父亲的意志。这岂不是太荒谬了吗？”

墨子对鲁阳文君说：“诸侯攻打邻国，杀害邻国的人民，掠夺邻国的牛马、米粮、货物、钱财，记载在竹简和帛书上，刻在金石上，写成铭文刻于钟鼎之上，用来留传给后世子孙，说：‘战果没有人比我多！’现在如果那些下贱的人，也去攻打邻家，杀害百姓，掠夺邻家的牛马、粮食、财物，也记载在竹简和帛书上，在竹席、器皿上刻铭文，用来留传给后世子孙，说：‘战果没有人比我多！’这样做可以吗？”鲁阳文君回答说：“这样，我依照你的话来看，那么天下可以说是对的事情，都未必是这样了。”

墨子对鲁阳文君说："世俗的君子，都是只懂得小道理，却不懂得大道理。假如这里有一个人，他偷了一只狗、一头猪，那么就说他是不仁；他偷了一个国家、一个都城，却认为他合乎义。这好比看见一点儿白说是白的，看见一大片白却说是黑的。因此世俗的君子，只懂得小道理，却不懂得大道理，就是这些话所说的。"

鲁阳文君告诉墨子说："在楚国南面，有个吃人的国家叫作桥国，在这个国家里，长子一出生就要被杀了吃掉，称这样是有利于他弟弟的，如果味美就送给国君吃，国君高兴就奖赏孩子的父亲。这难道不是恶劣的风俗吗？"墨子回答说："即使是中原各国的风俗，也是这样啊！杀了他的父亲而奖赏他的儿子，这与吃他的孩子而后奖赏孩子的父亲有什么不同呢？如果自己不行仁义，凭什么去指责别人吃他的孩子呢？"

鲁国国君的爱妾死了，鲁国人写了一篇祭文，鲁国国君看后很高兴，就采用了。墨子知道了，说："祭文，是用来表达死人的心志的。如今只凭喜欢就采用了，这如同用狸来驾车一样。"

鲁阳文君对墨子说："有人把忠臣的标准告诉我，说是叫他低头就低头，叫他抬头就抬头；居住在那里就很安静，喊他就立刻答应，这样的人能算是忠臣吗？"墨子说："叫他低头就低头，叫他抬头就抬头，这就像影子一样；居住在那里就很安静，叫他就答应，这就像回声一样。你能从影子和回声中得到什么有益的东西呢？假如按照我所定的忠臣的标准，应该是这样的：国君有过错，就要寻找机会劝谏；自己有好的想法，就要和君上共同谋划，而不把它告诉给不相干的人；纠正君上的错误而把他引入正道；与国君团结一心而不和下面结党营私。因此好事美名应归在国君头上，而怨恨冤仇则由臣下来承担；安乐归于国君，而忧患则由臣下担负。这就是我所说的忠臣。"

【原文】

鲁君谓子墨子曰："我有二子，一人者好学，一人者好分人财，孰以为太子而可？"子墨子曰："未可知也。或所为赏与[1]为是也。钓者之恭，非为鱼赐也；饵鼠以虫，非爱之也。吾愿主君之合其志功[2]而观焉。"

鲁人有因子墨子而学其子者，其子战而死，其父让[3]子墨子。子墨子曰："子欲学子之子，今学成矣，战而死，而子愠，是犹欲粜，籴雠则愠也。岂不费[4]哉！"

鲁之南鄙[5]人有吴虑者，冬陶夏耕，自比于舜。子墨子闻而见之。吴虑谓子墨子："义耳义耳，焉用言之哉？"子墨子曰："子之所谓义者，亦有力以劳人，有财以分人乎？"吴虑曰："有。"子墨子曰："翟尝计[6]之矣。翟虑耕而食天下之人矣，盛，然后当一农之耕，分诸天下，不能人得一升粟。籍而以为得一升粟，其不能饱天下之饥者，既可睹矣。翟虑织而衣天下之人矣，盛，然后当一妇人之织，分诸天下，不能人得尺布。籍而以为得尺布，其不能暖天下之寒者，既可睹矣。翟虑被坚执锐，救诸侯之患，盛，然后当一夫之战，一夫之战其不御三军，既可睹矣。翟以为不若诵先王之道，而求其说，通圣人之言，而察其辞，上说王公大人，次匹夫徒步之士。王公大人用吾言，国必治；匹夫徒步之士用吾言，行必修。故翟以为虽不耕而食饥，不织而衣寒，功贤于耕而食之、织而衣之者也。故翟以为虽不耕织乎，而功贤于耕织也。"吴虑谓子墨子曰："义耳义耳，焉用言之哉？"子墨子曰："籍设[7]而天下不知耕，教人耕，与不教人耕而独耕者，其功孰多？"吴虑曰："教人耕者，其功多。"子墨子曰："籍设而攻不义之国，鼓而使众进战，与不鼓而使众进战而独进战者，其功孰多？”吴虑曰：“鼓而进众者，其功多。”子墨子曰：“天下匹夫徒步之士少知义，而教天下以义者，功亦多，何故弗言也？若得鼓而进于义，则吾义岂不益进哉！”

【注释】

①赏与：即“赏誉”。

②功：功劳。

③让：责备。

④费：读为“悖”，荒谬。

⑤南鄙：南部边境。

⑥计：考虑。

⑦籍设：假设。

【译文】

鲁国国君问墨子说：“我有两个儿子，一个好学，一个喜爱把钱财分给别人，谁可以作为太子呢？”墨子回答说：“还不知道。也许他们是为了赏赐和名誉才这样做的。钓鱼人态度恭敬，并不是为了给鱼以恩赐；用虫子来诱捕老鼠，并不是因为喜爱老鼠。我希望君主能把他们的志向和功效结合起来去考察。”

鲁国有一个人让他的儿子跟随墨子学习，他的儿子在作战中死了，这个人就责备墨子。墨子说：“你希望你的儿子跟我学习，现在学成了，他在作战中死去，而你却恼怒，这犹如你想卖谷物，卖出去了，却又生气。难道不是很荒谬吗？”

鲁国南部边境上有个叫吴虑的人，冬天制作陶器，夏天耕种，把自己比作舜。墨子听说之后就去见他。吴虑对墨子说：“义啊义啊，贵在切实可行，哪里用得着说呢？”墨子说：“你所谓的义，也就是有力气帮人操劳，拿钱财分些给别人吧？”吴虑回答道：“有这种事。”墨子说：“我曾经考虑过。我想耕种从而给天下人饭吃，顶多也只抵上一个农夫耕种的收获，分给天下人，每人得不到一升米。假如每人分得一升米，不能使天下挨饿的人吃饱，是显而易见的。我想织布从而给天下人衣服穿，顶多也只抵得上一个妇女织布的收获，分给天下人，每人得不到一尺布。假如每人分到一尺布，也不能使天下挨冻的人得到温暖，是显而易见的。我想身披坚固的铠甲，手执锐利的武器，去挽救诸侯的灾难，顶多也只抵得上一个战士作战，一个人打仗不能抵挡三军，是显而易见的。我认为不如诵读与研究先王的学说，通晓与考察圣人的言辞，上以游说王公大人，其次游说平民百姓。王公大人们采纳我的意见，国家一定会治理好；平民百姓采纳我的意见，品行一定会有修养。所以我认为即使不耕作去让饥饿者吃饱，不去织布让寒冷人穿暖，功效却比耕种让饥饿者吃饱，织布让寒冷人穿暖更大。所以我认为自己虽然不耕织，但功效却比耕织好。”吴虑又对墨子说：“义啊义啊，贵在切实可行，哪里用得着说呢？”墨子问：“假设天下人不懂得耕种，那么教人耕种与不教人而独自耕种，谁的功绩大？”吴虑回答说：“教人耕种的功绩大。”墨子又问：“假设进攻不义之国，擂起战鼓使兵卒前去进攻，与不擂鼓使兵卒前去作战而独自去进攻，谁的功绩大？”吴虑回答说：“擂鼓使兵卒前进的人功绩大。”墨子说：“天下平民百姓很少有知道义的，那么用义来教化天下的人，功绩也大，为什么不讲义呢？如果我能鼓动大家达到义的要求，那么，我的义岂不是更加发扬光大了？”

【原文】

子墨子游公尚过于越。公尚过说越王，越王大说，谓公尚过曰："先生苟能使子墨子于越而教寡人，请裂故吴之地，方五百里，以封子墨子。"公尚过许诺。遂为公尚过束车[①]五十乘，以迎子墨子于鲁。曰："吾以夫子之道说越王，越王大说，谓过曰：'苟能使子墨子至于越而教寡人，请裂故吴之地，方五百里，以封子。'"子墨子谓公尚过曰："子观越王之志何若？意越王将听吾言，用我道，则翟将往，量腹而食，度身而衣，自比于群臣，奚能以封为哉！抑越不听吾言，不用吾道，而吾往焉，则是我以义粜也。钧之粜，亦于中国[②]耳，何必于越哉！"

子墨子游，魏越曰："既得见四方之君，子则将先语？"子墨子曰："凡入国，必择务而从事焉。国家昏乱，则语之尚贤、尚同；国家贫，则语之节用、节葬；国家憙音湛湎[③]，则语之非乐、非命；国家淫僻无礼，则语之尊天事鬼；国家务[④]夺侵凌，即语之兼爱、非攻。故曰：择务而从事焉。"

子墨子出[⑤]曹公子而于宋，三年而反。睹子墨子曰："始吾游于子之门，短褐之衣，藜藿之羹，朝得之，则夕弗得祭祀鬼神。今而以夫子之教，家厚于始也。有家厚，谨祭祀鬼神。然而人徒多死，六畜不蕃，身湛于病，吾未知夫子之道之可用也。"子墨子曰："不然。夫鬼神之所欲于人者多：欲人之处高爵禄，则以让贤也；多财，则以分贫也。夫鬼神岂唯擢[⑥]季拑肺之为欲哉？今子处高爵禄而不以让贤，一不祥也；多财而不以分贫，二不祥也。今子事鬼神，唯祭而已矣，而曰：'病何自至哉'，是犹百门而闭一门焉，曰：'盗何从入'。若是而求福，于有，怪之鬼，岂可哉？”

【注释】

①束车：备车。

②中国：中原的诸侯国。

③憙：同“喜”。湛：通“沉”。

④务：通“侮”。

⑤出：当为“士”，通“仕”。

⑥擢：疑为“攫”。

【译文】

墨子让弟子公尚过前往越国。公尚过游说越王，越王大喜，对公尚过说：“先生如果能使墨子到越国来教导我，我愿分出过去吴国的土地五百里封给墨子。”公尚过便答应了。于是越王为公尚过准备好马车五十辆，到鲁国迎接墨子。公尚过对墨子说：“我用老师您的学说游说越王，越王大喜，对我说：‘如果能让墨子到越国来教导我，愿分出原来吴国的土地五百里封给墨子。’”墨子对公尚过说：“你看越王的心意如何呢？如果越王听我的话，采用我的学说，那么我就准备前往，按饭量吃饭，按体长做衣服，把自己当作普通的群臣，怎么能为了封地去施教呢？如果越王不听我的话，不采用我的学说，而我却前往那里，那么我就是拿义来出卖了。同样都是出卖，我就在中原各国出卖义吧，何必要跑到越国去呢！”

墨子出外游历，魏越问：“老师见到了四方的君主，您将先说什么呢？”墨子回答说：“凡是进入一个国家，一定要选择紧要的事情去办。如果这个国家混乱，就告诉他们尊重人才和崇尚统一的道理；如果这个国家十分贫困，就告诉他们节约用度，节约丧葬的费用；如果这个国家过分地喜爱音乐和沉湎于酒中，就告诉他们音乐和酒有害以及应该努力进取的道理；如果这个国家淫乱无礼，就要告诉他们尊敬上天，侍奉鬼神的道理；如果这个国家喜欢掠夺、侵略，就要告诉他们普遍施爱和反对侵略的道理。所以说：要选择紧要的事去做。”

墨子让曹公子到宋国做官。三年后曹公子回来见墨子，说：“当初我来到先生门下学习，穿着粗布衣服，吃野菜一类粗劣的食物，早上有吃的，晚上就没有东西吃了，也不能来祭祀鬼神。现在因为听了老师的教诲，家境比当初富了。有了富裕的家境，我就恭敬地祭祀鬼神。但是家中的人大多死去，牲畜也不兴旺，自己又患了病，我不知道老师的学说是不是还可以用。”墨子说：“不是这样的。鬼神所希望于人做的事很多：‘希望人处于高位时要让贤；钱财多要分给贫困的人。鬼神难道仅仅贪图酒食祭品吗？现在你处于高位却不能让贤，这是第一种不祥；财产多却不分给贫困的人，这是第二种不祥。现在你侍奉鬼神，只是重视祭祀的形式，反而问灾祸如何发生的，这就像有一百个门，只关了一个门，却问强盗从哪里进来。’像这样去向有灵验的鬼神求福，那怎么行得通呢？”

【原文】

鲁祝[①]以一豚祭，而求百福于鬼神。子墨子闻之曰：“是不可。今施人薄而望人厚，则人唯恐其有赐于己也。今以一豚祭，而求百福于鬼神，唯恐其以牛羊祀也。古者圣王事鬼神，祭而已矣。今以豚祭而求百福，则其富不如其贫也。”

彭轻生子曰："往者可知，来者不可知。"子墨子曰："籍设而亲在百里之外，则遇难焉，期以一日也，及之则生，不及则死。今有固车良马于此，又有奴马[2]四隅之轮于此，使子择焉，子将何乘？"对曰："乘良马固车，可以速至。"子墨子曰："焉在矣来！"

孟山誉王子闾曰："昔白公之祸，执王子闾，斧钺钩要[3]，直兵当心，谓之曰：'为王则生，不为王则死！'王子闾曰：'何其侮我也！杀我亲，而喜[4]我以楚国。我得天下而不义，不为也，又况于楚国乎？'遂而不为。王子闾岂不仁哉？"子墨子曰："难则难矣，然而未仁也。若以王为无道，则何故不受而治也？若以白公为不义，何故不受王，诛白公然而反王？故曰：难则难矣，然而未仁也。"

子墨子使胜绰事项子牛。项子牛三侵鲁地，而胜绰三从。子墨子闻之，使高孙子请而退之，曰："我使绰也，将以济骄而正嬖也。今绰也禄厚而谲夫子，夫子三侵鲁而绰三从，是鼓鞭于马靳也。翟闻之：言义而弗行，是犯明[5]也。绰非弗之知也，禄胜义也。"

【注释】

①祝：祭祀时主持祝告的人。

②奴马：劣马。

③要：即"腰"。

④喜：同"嬉"，捉弄。

⑤犯明：明知而故犯。

【译文】

鲁国的人用一头小猪来祭祀，向鬼神祈求福佑。墨子知道此事后说：“这样不行。现在你给人的东西微薄，却盼望人家以厚重之物答谢你，那么，别人就只怕你再送东西给他了。如今用一头小猪来祭祀，却向鬼神祈求福佑，那么鬼神只怕你再用牛羊来祭祀。古代圣王侍奉鬼神，只是祭祀而已，现在用一头小猪祭祀，却要祈求赐福佑，那么祭品丰富还不如贫乏呢！”

彭轻生子说：“过去的事情可以知道，未来的事情不可知道。”墨子说：“假设你的父母亲在百里以外的地方，即将遇到灾难，只有一天的期限，你要能赶到，他们就会活，你赶不到他们就会死。如今这里有坚固的车子和好马，又有劣马和四方轮子的破车，让你挑选，你将选哪一种车？”彭轻生子回答说：“乘坐良马、坚固的车子，可以尽快赶到。”墨子说：“既然如此，那怎能断言未来的事不可知呢！”

孟山称赞王子闾说：“从前白公在楚国作乱，抓住了王子闾，并用大斧抵着他的腰，拿直矛对着他的心窝，对他说：‘你愿当楚王就让你活，不愿当楚王就让你死！’王子闾回答说：‘怎么这样侮辱我呀！杀死我的亲人，又拿楚国的王位来作弄我。即使我得到了整个天下，如果不符合义的原则，我也不做，又何况是得到一个楚国呢？’于是王子闾坚决不从。王子闾难道不算是仁吗？”墨子说：“这是很难做到的，但还不算是仁。如果他认为楚王无道，那么为什么不接受王位，将楚国治理好呢？如果他认为白公不义，为什么不接受王位，杀了白公，再把王位交还楚王呢？所以说，这是很难做到的，但还不算是仁。”

墨子让弟子胜绰去项子牛那里做官。项子牛三次侵犯鲁国的领土，而胜绰三次都参与了。墨子听说了，就派弟子高孙子去劝说项子牛辞退胜绰，并说：“我让胜绰去，为的是让他制止骄横和纠正邪恶。如今胜绰俸禄多了，却欺骗先生，先生三次侵犯鲁国，胜绰三次都参与了，这是要马前进，却把马鞭打在马胸前了。我听说，讲仁义却不去实行，这叫作明知故犯。胜绰并非不懂，他是把俸禄看得比义还重啊！”

【原文】

昔者楚人与越人舟战于江，楚人顺流而进，迎流[①]而退，见利而进，见不利则其退难。越人迎流而进，顺流而退，见利而进，见不利则其退速。越人因此若埶，亟[②]败楚人。公输子自鲁南游楚，焉始为舟战之器，作为钩强[③]之备，退者钩之，进者强之，量其钩强之长，而制为之兵。楚之兵节，越之兵不节，楚人因此若埶，亟败越人。公输子善其巧，以语子墨子曰："我舟战有钩强，不知子之义亦有钩强乎？"子墨子曰："我义之钩强，贤于子舟战之钩强。我钩强我钩之以爱，揣之以恭。弗钩以爱则不亲，弗揣以恭则速狎，狎而不亲则速离。故交相爱，交相恭，犹若相利也。今子钩而止人，人亦钩而止子，子强而距人，人亦强而距子，交相钩，交相强，犹若相害也。故我义之钩强，贤子舟战之钩强。"

公输子削竹木以为鹊，成而飞之，三日不下。公输子自以为至巧。子墨子谓公输子曰："子之为鹊也，不如匠之为车辖，须臾刘[④]三寸之木，而任五十石之重。故所为功[⑤]，利于人谓之巧，不利于人谓之拙。"

公输子谓子墨子曰："吾未得见之时，我欲得宋。自我得见之后，予我宋而不义，我不为。"子墨子曰："翟之未得见之时也，子欲得宋，自翟得见子之后，予子宋而不义，子弗为，是我予子宋也。子务为义，翟又将予子天下。"

【注释】

①迎流：即“逆流”。

②亟：数次。

③钩强：即《释名》所谓“钩镶”，引来曰“钓”，推去曰“镶”。

④刘：削。

⑤功：当为“巧”。

【译文】

从前楚国人和越国人在江上进行水战，楚国人进攻时顺流而进，退兵时逆流而退，作战有利就前进，作战不利时，要后退却很困难。越国人逆流而进，顺流而退，作战有利就前进，作战不利时却能很快后退。越国人凭借这种天然的水势，屡次打败楚国人。公输子从鲁国南游楚国，于是开始制造船战所用的武器，他制造了钩镶这种兵器用作装备，敌船后退时就用钩子钩住它，敌船前进时就用镶来推动它，这是估量了钩与镶的长度后，制造的武器。楚国的兵器适用，越国的兵器不适用，楚国人凭借这种兵器的优势，屡次打败越国人。公输子夸赞它的灵巧，于是对墨子说：“我在水战时有钩、镶，你的义也有钩、镶吗？”墨子回答说：“我的义的钩、镶，比你水战所用的钩、镶还好。我的义的钩、镶，是用爱做成钩的，用恭敬来抗拒。不用爱来钩就不会亲近，不用恭敬来抗拒就会轻慢不敬。轻慢而不亲近就会很快离散。所以互相爱护，互相恭敬，就互惠互利。现在你用钩子把别人钩住，别人也会用钩子把你钩住；你用镶把别人挡住，别人也会用镶把你挡住，互相钩住，互相推开，就是互相残害。所以说我的仁义的钩、镶，比你水战的武器更好。”

公输子削竹子制作竹鹊，竹鹊制成了可以让它飞起来，它飞了三天不落下来。公输子自认为自己的技巧再巧妙不过了。墨子对公输子说："你制作竹鹊，还不如木匠做车辖。木匠一会儿就砍成三寸厚的车辖，让它来装五十石重量的东西。所以制作的器物，对人有用的称为巧，对人无用的称为拙。"

公输子对墨子说："我没见到你的时候，我很想得到宋国。自从我见到你后，如果送给我宋国而不符合义的原则，我也不要。"墨子回答说："我没见到你的时候，你很想得到宋国，自从我见到你后，如果送给你宋国而不符合义的原则，你也不要，可我还是要把宋国送给你了。只要你竭尽全力行仁义，我将会把整个天下送给你。"

【评析】

"鲁问"的意思是，鲁国国君担心齐国来攻，问计于墨子。但这只是全篇第一段的内容，其他各段的内容则涉及方方面面。

书目

001. 山海经
002. 诗经
003. 老子
004. 庄子
005. 孟子
006. 列子
007. 墨子
008. 荀子
009. 韩非子
010. 淮南子
011. 鬼谷子
012. 素书
013. 论语
014. 五经
015. 四书
016. 文心雕龙
017. 说文解字
018. 史记
019. 战国策
020. 三国志
021. 贞观政要
022. 资治通鉴
023. 楚辞经典
024. 汉赋经典
025. 唐诗
026. 宋词
027. 元曲
028. 李白·杜甫诗
029. 千家诗
030. 苏东坡·辛弃疾词
031. 柳永·李清照词
032. 最美的词
033. 红楼梦诗词
034. 人间词话
035. 唐宋八大家散文
036. 古文观止
037. 忠经
038. 孝经
039. 孔子家语
040. 朱子家训
041. 颜氏家训
042. 六韬
043. 三略
044. 三十六计
045. 孙子兵法
046. 诸葛亮兵法
047. 菜根谭
048. 围炉夜话
049. 小窗幽记
050. 冰鉴
051. 诸子百家哲理寓言
052. 梦溪笔谈
053. 徐霞客游记
054. 天工开物
055. 西厢记
056. 牡丹亭
057. 长生殿
058. 桃花扇

059. 喻世明言
060. 警世通言
061. 醒世恒言
062. 初刻拍案惊奇
063. 二刻拍案惊奇
064. 世说新语
065. 容斋随笔
066. 太平广记
067. 包公案
068. 彭公案
069. 聊斋
070. 老残游记
071. 笑林广记
072. 孽海花
073. 三字经
074. 百家姓
075. 千字文
076. 弟子规
077. 幼学琼林
078. 声律启蒙
079. 笠翁对韵
080. 增广贤文
081. 格言联璧
082. 龙文鞭影
083. 成语故事
084. 中华上下五千年·春秋战国
085. 中华上下五千年·夏商周
086. 中华上下五千年·秦汉
087. 中华上下五千年·三国两晋
088. 中华上下五千年·隋唐
089. 中华上下五千年·宋元
090. 中华上下五千年·明清
091. 中国历史年表
092. 快读二十四史
093. 呐喊
094. 彷徨
095. 朝花夕拾
096. 野草集
097. 朱自清散文
098. 徐志摩的诗
099. 少年中国说
100. 飞鸟集
101. 新月集
102. 园丁集
103. 宽容
104. 人类的故事
105. 沉思录
106. 瓦尔登湖
107. 蒙田美文
108. 培根论说文集
109. 假如给我三天光明
110. 希腊神话
111. 罗马神话
112. 卡耐基人性的弱点
113. 卡耐基人性的优点
114. 跟卡耐基学当众讲话
115. 跟卡耐基学人际交往
116. 跟卡耐基学商务礼仪
117. 致加西亚的信
118. 智慧书
119. 心灵甘泉
120. 财富的密码

121. 青年女性要懂的人生道理
122. 礼仪资本
123. 优雅—格调
124. 优雅—妆容
125. 一分钟口才训练
126. 一分钟习惯培养
127. 每天进步一点点
128. 备受欢迎的说话方式
129. 低调做人的艺术
130. 影响一生的财商
131. 在逆境中成功的 14 种思路
132. 我能：最大化自己的 8 种方法
133. 思路决定出路
134. 细节决定成败
135. 情商决定命运
136. 性格决定命运
137. 责任胜于能力
138. 受益一生的职场寓言
139. 让你与众不同的 8 种职场素质
140. 锻造你的核心竞争力：保证完成任务
141. 和孩子这样说话很有效
142. 千万别和孩子这样说
143. 开发大脑的经典思维游戏
144. 老子的智慧
145. 三十六计的智慧
146. 孙子兵法的智慧
147. 汉字
148. 姓氏
149. 茶道
150. 四库全书
151. 中华句典
152. 奇趣楹联
153. 中国绘画
154. 中华书法
155. 中国建筑
156. 中国国家地理
157. 中国文明考古
158. 中国文化与自然遗产
159. 中国文化常识
160. 世界文化常识
161. 世界文化与自然遗产
162. 西洋建筑
163. 西洋绘画
164. 失落的文明
165. 罗马文明
166. 希腊文明
167. 古埃及文明
168. 玛雅文明
169. 印度文明
170. 巴比伦文明
171. 世界上下五千年
172. 人类未解之谜（中国卷）
173. 人类未解之谜（世界卷）
174. 人类神秘现象（中国卷）
175. 人类神秘现象（世界卷）